Soiné · Ermittlungsverfahren und Polizeipraxis

Grundlagen

Die Schriftenreihe der „Kriminalistik“

Ermittlungsverfahren und Polizeipraxis

Einführung in Recht und Organisation

von

Professor Dr. Michael Soiné

Europa-Universität Viadrina Frankfurt (Oder)

3., überarbeitete Auflage

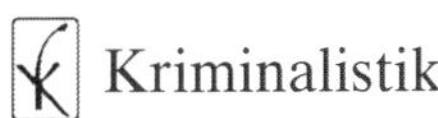

Prof. Dr. jur. Michael Soiné ist Bundesbeamter mit Leitungsaufgaben u. a. beim Bundeskriminalamt und Bundesnachrichtendienst. Zuvor war er stellvertretender Fachbereichsleiter Rechts- und Sozialwissenschaften an der Polizei-Führungsakademie (jetzt: Deutsche Hochschule der Polizei). Er ist Autor des vom Kriminalistik-Verlag herausgegebenen Kommentars zur StPO sowie Honorarprofessor an der Europa-Universität Viadrina Frankfurt (Oder) und Lehrbeauftragter an der Ludwig-Maximilians-Universität München.

Bibliografische Information Der Deutschen Nationalbibliothek
Die Deutsche Nationalbibliothek verzeichnet diese Publikation in der Deutschen Nationalbibliografie; detaillierte bibliografische Daten sind im Internet über <http://dnb.d-nb.de>abrufbar.

ISBN 978-3-7832-4051-1

E-Mail: kundenservice@cfmueller.de

Telefon: +49 6221 1859 599
Telefax: +49 6221 1859 598

www.cfmueller.de
www.kriminalistik-verlag.de

Satz: preXtension, Grafrath
Druck: Stückle Druck und Verlag, Ettenheim

Vorwort

Dieses Buch vermittelt grundlegendes Wissen über das strafrechtliche Ermittlungsverfahren in seinen nationalen und internationalen Bezügen. Zulässigkeit und Grenzen polizeilicher Ermittlungstätigkeit werden anhand von Beispielsfällen unter Berücksichtigung der aktuellen Rechtsprechung dargestellt. Darüber hinaus beinhaltet das Werk Informationen zu außerhalb des Strafprozessrechts liegenden, polizeirelevanten Aspekten, die in Darstellungen zum Ermittlungsverfahren üblicherweise kaum zu finden sind.

Seit Erscheinen der 2. Auflage hat es wieder zahlreiche Gesetzesänderungen und Gerichtsentscheidungen gegeben. Änderungen in der Organisation und bei den Zuständigkeiten der Sicherheitsbehörden sind ebenfalls zu verzeichnen. Die Neuauflage bietet einen aktuellen Überblick über rechtliche, praxisbezogene und organisatorische Aspekte rund um das strafrechtliche Ermittlungsverfahren.

Das Buch wendet sich an Polizei(vollzugs-)beamte und sonstige Beamte mit Strafverfolgungsaufgaben in der Aus- und Fortbildung vom mittleren bis zum höheren Dienst und an erfahrene Praktiker. Es eignet sich besonders zur Vorbereitung auf Prüfungen an den Hochschulen der Polizei, auf das erste juristische Staatsexamen und als Einstiegslektüre für Staatsanwälte und Strafrichter, die sich als Berufsanfänger mit Grundfragen der Organisation und praxisrelevanten Aspekten der Strafverfolgung vertraut machen wollen.

Anregungen und Hinweise sind ausdrücklich erwünscht.
Ihre Anmerkungen senden Sie bitte an: soine@europa-uni.de

Berlin, im April 2022 *Michael Soiné*

Inhaltsverzeichnis

Abkürzungen

a.a.O.	am angegebenen Ort
ABl.	Amtsblatt
Abs.	Absatz
a. F.	alte Fassung
AFIS	Automatisiertes Fingerabdrucksystem
AG	Aktiengesellschaft/Amtsgericht
Akt.	Aktualisierung
AO	Abgabenordnung
Anl.	Anlage(n)
AR	Allgemeines Register
ArbGG	Arbeitsgerichtsgesetz
ArchKrim	Archiv für Kriminologie
Art.	Artikel
ASOG Bln	Allgemeines Sicherheits- und Ordnungsgesetz Berlin
ATDG	Antiterrordateigesetz
AufenthG	Gesetz über den Aufenthalt, die Erwerbstätigkeit und die Integration von Ausländern im Bundesgebiet (Aufenthaltsgesetz)
AWG	Außenwirtschaftsgesetz
Az.	Aktenzeichen
AZRG	Ausländerzentralregistergesetz
AZRG-DV	Durchführungsverordnung zum Ausländerzentralregistergesetz
BA	Blutalkohol (Zeitschrift)
BAK	Blutalkoholkonzentration
BAMAD	Bundesamt für den Militärischen Abschirmdienst
BAMF	Bundesamt für Migration und Flüchtlinge
BAnz.	Bundesanzeiger
BayDSG	Bayerisches Datenschutzgesetz
BayObLG	Bayerisches Oberstes Landesgericht
BayObLGSt	Entscheidungen des Bayerischen Obersten Landesgerichts in Strafsachen
BayPAG	Bayerisches Polizeiaufgabengesetz
BBergG	Bundesberggesetz
BBG	Bundesbeamtengesetz
BbgPolG	Brandenburgisches Polizeigesetz
BBK	Bundesamt für Bevölkerungsschutz und Katastrophenhilfe
BDSG	Bundesdatenschutzgesetz
BeamtStG	Beamtenstatusgesetz

BeamtVG	Gesetz über die Versorgung der Beamten und Richter des Bundes
BeckRS	Beck online Rechtsprechung
bes.	besonders, besondere, besonderer, besonderes
Beschl.	Beschluss
BfV	Bundesamt für Verfassungsschutz
BGB	Bürgerliches Gesetzbuch
BGBl.	Bundesgesetzblatt
BGH	Bundesgerichtshof
BGHSt	Entscheidungen des Bundesgerichtshofes in Strafsachen
BGHZ	Entscheidungen des Bundesgerichtshofes in Zivilsachen
BJagdG	Bundesjagdgesetz
BKA	Bundeskriminalamt
BKAG	Bundeskriminalamtgesetz
BND	Bundesnachrichtendienst
BNDG	Gesetz über den Bundesnachrichtendienst
BPOL	Bundespolizei
BPolBG	Bundespolizeibeamtengesetz
BPolG	Bundespolizeigesetz
BPOLI KB	Bundespolizeiinspektion Kriminalitätsbekämpfung
BPOLP	Bundespolizeipräsidium
BPolZV	Bundespolizei-Zuständigkeitsverordnung
BremPolG	Bremisches Polizeigesetz
BSI	Bundesamt für Sicherheit in der Informationstechnik
BtM	Betäubungsmittel
BtMG	Betäubungsmittelgesetz
BVA	Bundesverwaltungsamt
BVerfG	Bundesverfassungsgericht
BVerfGE	Entscheidungen des Bundesverfassungsgerichts
BVerfGK	Kammerentscheidungen des Bundesverfassungsgerichts
BVerfSchG	Bundesverfassungsschutzgesetz
BVerwG	Bundesverwaltungsgericht
BVerwGE	Entscheidungen des Bundesverwaltungsgerichts
BZRG	Bundeszentralregistergesetz
Cyber-AZ	Cyber-Abwehrzentrum
DAD	DNA-Analyse-Datei
DNA	deoxyribonucleic acid
DNS	Desoxyribonukleinsäure
DÖV	Die Öffentliche Verwaltung (Zeitschrift)
DRiZ	Deutsche Richterzeitung
DS-GVO	Datenschutz-Grundverordnung
DV	Datenverarbeitung
DVBl	Deutsches Verwaltungsblatt

EDV	Elektronische Datenverarbeitung
EEA	Europäische Ermittlungsanordnung
EG	Europäische Gemeinschaft
EGGVG	Einführungsgesetz zum Gerichtsverfassungsgesetz
EGMR	Europäischer Gerichtshof für Menschenrechte
ELB	European Liaison Bureau
EMRK	Europäische Menschenrechtskonvention
EU	Europäische Union
EuAlÜbk	Europäisches Auslieferungsübereinkommen
EuHb	Europäischer Haftbefehl
EuHbG	Europäisches Haftbefehlsgesetz
EuRhÜbk	Europäisches Rechtshilfeübereinkommen
Eurojust	Einheit für justizielle Zusammenarbeit der EU
EUStA	Europäische Staatsanwaltschaft
EUV	Vertrag über die Europäische Union
Extrapol	Informations- und Kommunikationsplattform der Polizeibehörden des Bundes (BKA, BPol), des Zollfahndungsdienstes und der Polizeibehörden der Länder
f., ff.	folgende
FGO	Finanzgerichtsordnung
FIU	Financial Intelligence Unit
FKS	Finanzkontrolle Schwarzarbeit
FRONTEX	Europäische Agentur für die operative Zusammenarbeit an den Außengrenzen der Mitgliedstaaten der Europäischen Union
Fn.	Fußnote
FVG	Gesetz über die Finanzverwaltung (Finanzverwaltungsgesetz)
G 10	Gesetz zu Artikel 10 Grundgesetz
GA	Goltdammer's Archiv für Strafrecht
GASiM	Gemeinsames Analyse- und Strategiezentrum illegale Migration
GBA	Generalbundesanwalt
GDG	Gemeinsame-Dateien-Gesetz
Gem.	Gemeinsames/Gemeinsamer
GETZ	Gemeinsames Extremismus- und Terrorismusabwehrzentrum
GG	Grundgesetz
GIZ	Gemeinsames Internetzentrum
GMBl.	Gemeinsames Ministerialblatt
GRCh	Charta der Grundrechte der EU
GSG 9 BPOL	Grenzschutzgruppe 9 der Bundespolizei
GTAZ	Gemeinsames Terrorismusabwehrzentrum
GVG	Gerichtsverfassungsgesetz

GwG	Geldwäschegesetz
GZD	Generalzolldirektion
HmbSOG	Hamburgisches Gesetz zum Schutz der öffentlichen Sicherheit und Ordnung
hrsg.	herausgegeben
Hs.	Halbsatz
HSOG	Hessisches Gesetz über die öffentliche Sicherheit und Ordnung
IDKO	Identifizierungskommission
IFG	Informationsfreiheitsgesetz
IKPK	Internationale Kriminalpolizeiliche Kommission
IKPO	Internationale Kriminalpolizeiliche Organisation
IKPOSt	Interpol-Statuten
INPOL	Informationssystem der Polizei
InsO	Insolvenzordnung
Interpol	Internationale Kriminalpolizeiliche Organisation
INZOLL	Informations- und Auskunftssystem über Straftaten und Ordnungswidrigkeiten im Zuständigkeitsbereich der Bundeszollverwaltung
IPBPR	Internationaler Pakt über bürgerliche und politische Rechte
IRG	Gesetz über die internationale Rechtshilfe in Strafsachen
IStGH	Internationaler Strafgerichtshof
i. S. v.	im Sinne von
i. V. m.	in Verbindung mit
JA	Juristische Ausbildung (Zeitschrift)
JR	Juristische Rundschau (Zeitschrift)
Js	Ermittlungsverfahren (StA)
juris	Juristisches Informationssystem für die Bundesrepublik Deutschland
Justiz	Die Justiz (Zeitschrift)
JZ	Juristenzeitung
Kap.	Kapitel
KBA	Kraftfahrt-Bundesamt
KdoCIR	Kommando Cyber- und Informationsraum (Bundeswehr)
Kfz	Kraftfahrzeug
KG	Kammergericht [in Berlin]
KK	OWiG Karlsruher Kommentar zum Gesetz über Ordnungswidrigkeiten
Kriminalistik	Kriminalistik – Unabhängige Zeitschrift für die kriminalistische Wissenschaft und Praxis
KUG	Kunsturheberrechtsgesetz

LfV	Landesamt für Verfassungsschutz/Landesämter für Verfassungsschutz
LG	Landgericht
LKA	Landeskriminalamt
LKV	Landeskommunalverwaltung (Zeitschrift)
LKW	Lastkraftwagen
LMedienG	Landesmediengesetz
LPresseG	Landespressegesetz
LVwG SH	Landesverwaltungsgesetz Schleswig-Holstein
MAD	Militärischer Abschirmdienst
MEK	Mobiles Einsatzkommando
MDR	Monatsschrift für Deutsches Recht
MI LSA	Ministerium des Innern Land Sachsen-Anhalt
MJ LSA	Ministerium der Justiz Land Sachsen-Anhalt
MOG	Marktorganisationsgesetz
MRRG	Melderechtsrahmengesetz
m. w. N.	mit weiteren Nachweisen
NdsRpfl	Niedersächsischer Rechtspfleger (Zeitschrift)
NJOZ	Neue Juristische Online Zeitschrift
NJW	Neue Juristische Wochenschrift
NJW-Spezial	Neue Juristische Wochenschrift Spezial
NoeP	Nicht offen ermittelnder Polizeibeamter/ Nicht offen ermittelnde Polizeibeamte
NPOG	Niedersächsisches Polizei- und Ordnungsbehördengesetz
Nrn.	Nummern
NStZ	Neue Zeitschrift für Strafrecht
NStZ-RR	Neue Zeitschrift für Strafrecht, Rechtsprechungs-Report
NVwZ	Neue Zeitschrift für Verwaltungsrecht
NVwZ-RR	Neue Zeitschrift für Verwaltungsrecht, Rechtsprechungs-Report
NZB	Nationales Zentralbüro
NZV	Neue Zeitschrift für Verkehrsrecht
OEZ	Observationseinheit Zoll
OLAF	Europäisches Amt für Betrugsbekämpfung
OLG	Oberlandesgericht
OVG	Oberverwaltungsgericht
OWiG	Ordnungswidrigkeitengesetz
PIN	persönliche Identifikationsnummer
PIOS	Personen, Institutionen, Objekte, Sachen
POG RP	Polizei- und Ordnungsbehördengesetz Rheinland-Pfalz
PolG BW	Polizeigesetz Baden-Württemberg

PolG NRW	Polizeigesetz des Landes Nordrhein-Westfalen
Polizei	Die Polizei (Zeitschrift)
Polizeispiegel	Polizeispiegel (Zeitschrift)
PostG	Postgesetz
PrümVtrAG	Ausführungsgesetz zum Prümer Vertrag und zum Ratsbeschluss Prüm
RdErl.	Runderlass
RGSt	Entscheidungen des Reichsgerichts in Strafsachen
RiStBV	Richtlinien für das Strafverfahren und das Bußgeldverfahren
RiVASt	Richtlinien für den Verkehr mit dem Ausland in strafrechtlichen Angelegenheiten
Rz	Randziffer
S.	Seite, Satz
SächsPVDG	Sächsisches Polizeivollzugsdienstgesetz
SächsVBl	Sächsische Verwaltungsblätter
SDÜ	Schengener Durchführungsübereinkommen
SEK	Spezialeinsatzkommando
SGG	Sozialgerichtsgesetz
SIRENE	Supplementary Information Request at the National Entry
SIS	Schengener Informationssystem
SOG LSA	Sicherheits- und Ordnungsgesetz des Landes Sachsen-Anhalt
SOG M-V	Sicherheits- und Ordnungsgesetz Mecklenburg-Vorpommern
SPolG	Saarländisches Polizeigesetz
SPUDOK	Spurendokumentation
StA	Staatsanwaltschaft, Staatsanwalt
StGB	Strafgesetzbuch
StPO	Strafprozessordnung
StraFo	Strafverteidiger Forum (Zeitschrift)
StRR	StrafRechtsReport
StV	Strafverteidiger (Zeitschrift)
StVÄG	Strafverfahrensänderungsgesetz
StVG	Straßenverkehrsgesetz
StVO	Straßenverkehrsordnung
SVR	Straßenverkehrsrecht (Zeitschrift)
ThürPAG	Thüringer Polizeiaufgabengesetz
Tit.	Titel
TKÜ	Telekommunikationsüberwachung
ÜberstÜbk	Übereinkommen über die Überstellung verurteilter Personen
UJs	Ermittlungsverfahren gegen Unbekannt (StA)
Urt.	Urteil

UZwG	Gesetz über den unmittelbaren Zwang bei Ausübung öffentlicher Gewalt durch Vollzugsbeamte des Bundes
UZwG Bln	Gesetz über die Anwendung unmittelbaren Zwangs bei der Ausübung öffentlicher Gewalt durch Vollzugsbeamte des Landes Berlin
v.	vom
VBlBW	Verwaltungsblätter für Baden-Württemberg
VE	Verdeckter Ermittler/Verdeckte Ermittler
VG	Verwaltungsgericht
VGH	Verwaltungsgerichtshof
vgl.	vergleiche
ViCLAS	Violent Crime Linkage Analysis System
VN	Vereinte Nationen
VP	Vertrauensperson/Vertrauenspersonen
VRS	Verkehrsrechtssammlung (Zeitschrift)
VStGB	Völkerstrafgesetzbuch
VwGO	Verwaltungsgerichtsordnung
VwVfG	Verwaltungsverfahrensgesetz
VZR	Verkehrszentralregister
WaffG	Waffengesetz
WCO	Weltzollorganisation
wistra	Zeitschrift für Wirtschafts- und Steuerstrafrecht
z. B.	zum Beispiel
ZBR	Zeitschrift für Beamtenrecht
ZD	Zeitschrift für Datenschutz
ZEVIS	Zentrales Verkehrsinformationssystem
ZFdG	Zollfahndungsdienstgesetz
ZfS	Zeitschrift für Schadensrecht
ZFZR	Zentrales Fahrzeugregister
ZKA	Zollkriminalamt
ZollVG	Zollverwaltungsgesetz
ZRP	Zeitschrift für Rechtspolitik
ZSHG	Zeugenschutz-Harmonisierungsgesetz
ZUM-RD	Zeitschrift für Urheber- und Medienrecht
ZUZ	Zentrale Unterstützungsgruppe Zoll

I. Die Aufgabe des Strafprozesses

Aufgabe des Strafprozesses ist es, in einem geordneten Verfahren einen staatlichen Strafanspruch festzustellen und durchzusetzen. Leitprinzipien des Verfahrensrechts sind **Wahrheit** und **Gerechtigkeit**. Wahrheit ist in diesem Zusammenhang nicht die materielle Wahrheit; es geht vielmehr um die **prozessuale Wahrheit**, d. h. nur um solche Wahrheit, die prozessordnungsgemäß zustande gekommen ist.

Das Prinzip des prozessordnungsgemäßen Zustandekommens des Urteils steht gleichberechtigt neben dem Prinzip der **effizienten Strafverfolgung**. Letztere wird allerdings schon allein durch die Maßgabe begrenzt, dass es nach der höchstrichterlichen Rechtsprechung **keine Wahrheitsfindung um jeden Preis** geben darf.[1] Insbesondere kann aus Verstößen der Strafverfolgungsbehörden gegen Beweisregeln ein Verwertungsverbot folgen, das gegebenenfalls in Ermangelung anderer Beweismittel zum Freispruch des Angeklagten führt.

Daneben soll das Strafverfahren zu einer Entscheidung führen, die **Rechtsfrieden** schafft. Daher erwächst eine Entscheidung in materielle Rechtskraft, die nur nach den strengen Regeln der Wiederaufnahme eines durch rechtskräftiges Urteil abgeschlossenen Verfahrens (§§ 359–373a StPO) durchbrochen werden kann.

1 *BGHSt* 5, 332; 14, 358, 365; 31, 304, 309; 38, 214, 220 = Kriminalistik 1992, 423; *BGH*, NStZ 1993, 142 = Kriminalistik 1993, 85; *BGHSt* 44, 243, 249 = Kriminalistik 1999, 417.

II. Die Verfahrensabschnitte

Das Strafverfahren besteht aus dem **Erkenntnisverfahren** und dem **Vollstreckungsverfahren**. Das Erkenntnisverfahren unterscheidet zwischen Vorverfahren, Zwischenverfahren und Hauptverfahren.

1. Erkenntnisverfahren

1.1 Das Vorverfahren

Das Vorverfahren (§§ 151–177 StPO) beginnt mit den **Ermittlungen von Amts wegen** oder aufgrund einer **Strafanzeige** (§ 158 StPO). In diesem Zusammenhang wird untersucht, ob gegen den **Beschuldigten** ein **hinreichender Tatverdacht** besteht (§§ 160–170 StPO). Abgesehen von anderen Möglichkeiten der Verfahrenserledigung (§§ 153–156, 407 StPO) steht am Ende des Ermittlungsverfahrens entweder die **Erhebung der Anklage** (§ 170 Abs. 1 StPO) oder die **Einstellung des Verfahrens** (§ 170 Abs. 2 StPO).

1.2 Das Zwischenverfahren

Mit der **Einreichung der Anklageschrift** beginnt das Zwischenverfahren (§§ 199–211 StPO). Der Beschuldigte wird ab diesem Zeitpunkt als **Angeschuldigter** bezeichnet (§ 157 StPO). Das Gericht prüft, ob die StA zu Recht einen hinreichenden Tatverdacht angenommen hat oder nicht. Im ersten Fall wird die Anklage zugelassen und das Hauptverfahren eröffnet, im zweiten Fall abgelehnt, wobei die StA das Recht zur Beschwerde gegen die Entscheidung hat.

1.3 Das Hauptverfahren

Mit der Eröffnung des Hauptverfahrens (§§ 212–444 StPO) wird der Angeschuldigte zum **Angeklagten**. Es kommt zur **Hauptverhandlung**, die mit einem **Urteil** endet, gegen das dem Angeklagten und der StA ein Rechtsmittel zur Verfügung steht. In Abhängigkeit von dem entscheidenden Gericht geht es um **Berufung** (§§ 312 ff. StPO) und **Revision** (§§ 333 ff. StPO) oder nur um Revision. So ist gegen ein Urteil des Amtsgerichts sowohl die Berufung als auch die (Sprung-)Revision möglich, während erstinstanzliche Urteile des Landgerichts und des Oberlandesgerichts nur mit der Revision angreifbar sind.

1.4 Das Vollstreckungsverfahren

Nach Rechtskraft der Entscheidung ist das Erkenntnisverfahren beendet. Sodann beginnt das Vollstreckungsverfahren (§§ 449–473a StPO), z. B. nach Ladung zum Strafantritt der Strafvollzug. Hierfür bestehen weitere Regelungen, etwa das Strafvollzugsgesetz und die Strafvollstreckungsordnung. Die **StA** fungiert als **Strafvollstreckungsbehörde** (§ 451 StPO).

III. Verfahrensgrundsätze

1. Die Unschuldsvermutung

Im Strafverfahren gilt die **Unschuldsvermutung**, d. h. die gesetzlich bestimmte Vermutung der Unschuld eines Beschuldigten oder eines Verdächtigen bis zum rechtskräftigen Nachweis der Schuld („*in dubio pro reo*"). Die Unschuldsvermutung ist in Art. 6 Abs. 2 EMRK und Art. 14 Abs. 2 IPBPR niedergelegt und folgt verfassungsrechtlich aus dem Rechtsstaatsprinzip (Art. 20 Abs. 3 GG, Art. 28 Abs. 1 S. 1 GG). Sie gilt auch **nach Abschluss des Verfahrens** durch rechtskräftigen **Freispruch** oder durch verfahrensbeendende **Einstellung** fort. Die Unschuldsvermutung kann durch justizielle Maßnahmen im Ermittlungsverfahren verletzt werden.

Beispiel:
Justizielle Erklärungen erwecken den Eindruck, der Beschuldigte habe die Tat begangen.[2]

2. Das Verbot des Zwangs zur Selbstbelastung

Im Strafprozessrecht ist **staatlicher Zwang zur Selbstbelastung unzulässig**. Niemand muss gegen seinen Willen zu seiner Überführung beitragen, z. B. durch Abgabe einer **Speichelprobe**, in Form von **Tests**, **Tatrekonstruktionen** und **Schriftproben**.[3]

Die für **Beschuldigte** in §§ 136 Abs. 1 S. 2, 136a StPO getroffene Regelung ist nur Ausdruck des Grundsatzes „*nemo tenetur se ipsum accusare*", der Verfassungsrang hat.[4] Nach deutschem Recht kann der Beschuldigte in dem gegen ihn gerichteten Verfahren nicht Zeuge für oder gegen sich selbst sein. Auch wenn den Beschuldigten keine Wahrheitspflicht trifft, kann er sich bei Lügen strafbar machen.

2 *EGMR*, NJW 2011, 1789.
3 *BGHSt* 49, 56 = Kriminalistik 2004, 551.
4 *BVerfGE* 56, 37, 49.

Beispiele:

Vortäuschen einer Straftat (§ 145d StGB).

Falsche Verdächtigung (§ 164 StGB).

Beleidigung (§ 185 StGB).

Üble Nachrede (§ 186 StGB).

Verleumdung (§ 187 StGB).

Für **Zeugen** hat der Grundsatz des Verbots des Zwangs zur Selbstbelastung in § 55 Abs. 1 StPO seinen Niederschlag gefunden.[5] Unwahre Angaben gegenüber den Strafverfolgungsbehörden können ebenfalls die beispielhaft genannten Straftatbestände verwirklichen.

Eine **mittelbare Selbstbelastung** ist hingegen für **jedermann** möglich, wie sich aus der Strafvorschrift **Unerlaubtes Entfernen vom Unfallort** (§ 142 StGB) ergibt.[6] So ist der betrunkene Verursacher eines Verkehrsunfalls wartepflichtig, auch wenn das Erscheinen der Polizei z. B. zu einem Strafverfahren wegen **Trunkenheit im Verkehr** (§ 316 StGB) bzw. **Gefährdung des Straßenverkehrs** (§ 315c StGB) führen wird. Materiell-rechtlich erlaubt der Grundsatz der Selbstbelastungsfreiheit nicht die Begehung neuen Unrechts.[7] Selbst die Beschädigung eines Fahrzeugs auf dem Parkplatz eines Einkaufszentrums durch einen Einkaufswagen, der während des Umladens der Ware in ein fremdes Kfz hineinrollt, stellt einen Unfall im Straßenverkehr dar und begründet eine Wartepflicht. Das sich Entfernen vom Unfallort kann auch in diesem Fall eine Strafbarkeit nach § 142 Abs. 1 StGB begründen.[8] Personen, die einer **Verkehrsstraftat** beschuldigt werden, dürfen nicht zu einem **Atemalkoholtest** gezwungen werden.[9]

5 *BGHSt* 49, 56 = Kriminalistik 2004, 551.

6 Zu berücksichtigen ist, dass ein sich Entfernen des nicht alkoholisierten, verletzten Unfallbeteiligten vom Unfallort im Einzelfall auch gerechtfertigt sein kann, z. B. zur Versorgung eigener massiv blutender Wunden im Krankenhaus; vgl. *BGH*, NStZ 2015, 265.

7 *BGH*, wistra 2002, 149.

8 *OLG Düsseldorf*, NStZ 2012, 326. A. A. *AG Dortmund*, NZV 2021, 334: Das Wegrollen eines Einkaufswagens beim Beladen des Kofferraums mit Beschädigung eines anderen Fahrzeugs sei kein „Unfall im Straßenverkehr“, denn der Tatbestand des § 142 StGB erstrecke sich nur auf Gefahren im Zusammenhang mit dem Fortbewegungsvorgang von Fahrzeugen.

9 *BGH*, VRS 39, 184; *Brandenburgisches OLG*, NStZ 2014, 524.

3. Der Grundsatz der Verhältnismäßigkeit

Im gesamten Strafverfahren kommt dem Grundsatz der Verhältnismäßigkeit eine große Bedeutung zu. Seine rechtsdogmatische Grundlage findet dieser Rechtsgrundsatz mit Verfassungsrang sowohl im Rechtsstaatsprinzip[10] als auch in den Grundrechten[11].

Sind polizeiliche Maßnahmen an diesem Grundsatz zu messen, entfaltet er Wirkungen auf drei Ebenen. Die Maßnahme muss (1.) zur **Erreichung** des **Gesetzeszwecks geeignet**, (2.) **erforderlich** und (3.) für den Betroffenen **zumutbar** sein.

Die **Geeignetheit** wird bisweilen mit dem Begriff Zweckmäßigkeit bzw. Zwecktauglichkeit umschrieben, **Erforderlichkeit** ist gleichbedeutend mit der Notwendigkeit, und statt Zumutbarkeit finden sich häufig die Wendung **Verhältnismäßigkeit im engeren Sinne** sowie – seltener – die Begriffe Angemessenheit und Proportionalität.

Dieser Grundsatz setzt dem staatlichen Handeln Grenzen: Ein Eingriff in die Rechte des **Beschuldigten** muss stets in **angemessenem Verhältnis** zur **Schwere der Straftat** und zur **Stärke des Tatverdachts** stehen.

Aus dem Grundsatz der Verhältnismäßigkeit lassen sich **keine allgemeingültigen Zeitgrenzen** für die **Auswertung** von **Beweismitteln** ableiten.[12] Dies gilt auch für **Erkenntnisse** aus **heimlichen Überwachungsmaßnahmen**.[13]

Ein **Verstoß** gegen den **Grundsatz der Verhältnismäßigkeit** führt in jedem Fall zur **Rechtswidrigkeit** der betreffenden Maßnahme.

Beispiele:

Eine Wohnungsdurchsuchung allein aufgrund des Geruchs von Marihuana ist angesichts der zu erwartenden Ergebnisse (geringe Menge für den Eigenbedarf) unverhältnismäßig.[14]

10 *BVerfGE* 69, 161, 169; 76, 256, 359.
11 *BVerfGE* 19, 342, 348 f.
12 *LG Ravensburg*, NStZ-RR 2014, 348.
13 *BGH*, NJW 2014, 1314, 1316 mit Anm. *Roggan* = Kriminalistik 2014, 494.
14 *LG Hamburg*, NJW-Spezial 2010, 122.

Die Durchsuchung der Wohnung eines nicht vorbestraften Beschuldigten wegen des Verdachts, vor sieben Monaten dreimal unentgeltlich ein halbes Gramm Haschisch an einen Dritten abgegeben zu haben, steht nicht im Verhältnis zur Schwere der Tat, zur Stärke des Tatverdachts und zum erwarteten Erfolg, wenn Anhaltspunkte dafür fehlen, dass der Beschuldigte gegenwärtig Haschisch besitzt oder abgibt.[15]

Die Anordnung einer Wohnungsdurchsuchung mit dem Ziel der BtM-Beschlagnahme durch Beschluss des Amtsgerichts, acht Monate nachdem der Beschuldigte in Verdacht stand, sich BtM für den Eigenkonsum verschafft zu haben, verstößt gegen das Verhältnismäßigkeitsprinzip. Nach derart langer Zeit noch Beweismittel zu finden, die diese Vorwürfe stützen, erscheint ausgeschlossen.[16]

Die gerichtliche Anordnung einer Wohnungsdurchsuchung zehn Monate nach einer den Tatverdacht begründenden Blutprobenentnahme nach Unfallflucht wegen unerlaubten Besitzes von BtM ist als Verstoß gegen das Verhältnismäßigkeitsprinzip zu qualifizieren. Dies gilt zumindest, soweit Beweise für den konkreten Verdacht erlangt werden sollen, dass der Beschuldigte im Blutentnahmezeitpunkt BtM besessen hat.[17]

Eine Wohnungsdurchsuchung aufgrund des Verdachts eines 18 Monate zurückliegenden Erwerbs von BtM und der Tatsache, dass die Beschuldigte in der Kontaktliste des Mobiltelefons einer anderweitig wegen BtM-Handels beschuldigten Person verzeichnet war, die im maßgeblichen Zeitraum auch mehrfach Fahrten zum Wohnort der Beschuldigten unternommen hatte, ist unverhältnismäßig; nach allgemeiner kriminalistischer Erfahrung ist nicht mehr damit zu rechnen, dass sich in der Wohnung noch aus den verfahrensgegenständlichen Taten stammende BtM finden lassen.[18]

Der Grundsatz der Verhältnismäßigkeit – auch als **Übermaßverbot** bezeichnet – gilt im Strafverfahren unabhängig davon, ob das Gesetz die Verhältnismäßigkeit des Eingriffs ausdrücklich als Rechtmäßigkeitsvoraussetzung nennt oder nicht. Auch wenn – wie in den meisten älteren strafprozessualen Regelungen – ein ausdrücklicher Hinweis auf die Notwendigkeit der Verhältnismäßigkeit des Eingriffs fehlt, muss dieser in jedem Fall geeignet, erforderlich und angemessen sein, um das erstrebte Ziel zu erreichen.[19] Gesetzliche Konkretisierungen

15 *LG Zweibrücken*, NJW 1990, 2760.
16 *LG Oldenburg*, NStZ-RR 2009, 283.
17 *LG Koblenz*, StV 2009, 179.
18 *BVerfG*, NJW-Spezial 2014, 57 = Kriminalistik 2016, 44.
19 *BVerfGE* 16, 194 ff.; 17, 108, 117 f.; 20, 162, 186 f.; 27, 211, 219.

des Grundsatzes der Verhältnismäßigkeit sind etwa die unterschiedlichen Anforderungen an den Verdachtsgrad bei strafprozessualen Grundrechtseingriffen.

Beispiele:

Einfacher Tatverdacht:

Sicherstellung und Beschlagnahme von Gegenständen zur Beweissicherung (§ 94 StPO), Durchsuchung bei Beschuldigten (§ 102 StPO).

Durch bestimmte Tatsachen begründeter Verdacht:

TKÜ (§ 100a Abs. 1 S. 1 Nr. 1 StPO), Online-Durchsuchung (§ 100b Abs. 1 Nr. 1 StPO), Akustische Wohnraumüberwachung (§ 100c Abs. 1 Nr. 1 StPO).

Dringender Tatverdacht:

Vorläufige Entziehung der Fahrerlaubnis (§ 111a Abs. 1 StPO), Voraussetzungen der Untersuchungshaft (§ 112 Abs. 1 S. 1 StPO), Anordnung eines vorläufigen Berufsverbots (§ 132a Abs. 1 StPO).

Anforderungen an Art und Schwere der Tat (Straftatenkataloge):

TKÜ (§ 100a Abs. 2 StPO), Online-Durchsuchung (§ 100b Abs. 2 StPO), Akustische Wohnraumüberwachung (§ 100c Abs. 1 Nr. 1 StPO), Errichtung von Kontrollstellen an öffentlich zugänglichen Orten (§ 111 Abs. 1 S. 1 StPO), Speicherung und Abgleich von Daten aus Kontrollen (§ 163d Abs. 1 StPO).

Straftaten von erheblicher Bedeutung:

Ausschreibung zur Festnahme (§ 131 Abs. 3 S. 1 und 2 StPO), Ausschreibung zur Beobachtung bei polizeilichen Kontrollen (§ 163e Abs. 1 S. 1 StPO), Längerfristige Observation (§ 163f Abs. 1 S. 1 StPO).

Subsidiaritätsklauseln:

Die Eingriffsbefugnis wird von einem differenzierten Maß fehlender Erfolgswahrscheinlichkeit anderer Maßnahmen abhängig gemacht, z. B.

auf andere Weise wesentlich erschwert oder aussichtslos:

TKÜ (§ 100a Abs. 1 Nr. 3 StPO)

oder

aussichtslos:

VE (§ 110a Abs. 1 S. 4 StPO).

IV. Das Beweisrecht der Strafprozessordnung im Überblick

Rechtsverstöße bei strafprozessualen Ermittlungen können zu einem Verwertungsverbot der Beweise im Strafverfahren führen. Nachfolgend werden einige wichtige Begriffe aus dem Beweisrecht der StPO erläutert, bei dem zwischen **Beweiserhebungsverboten** und **Beweisverwertungsverboten** zu unterscheiden ist.

1. Die Beweiserhebungsverbote

Die Beweiserhebungsverbote (auch Beweisgewinnungsverbote) stellen Schranken der gerichtlichen Aufklärungspflicht (§ 244 Abs. 2 StPO) dar und begrenzen die freie Beweiswürdigung (§ 261 StPO). Eine schrankenlose Aufklärung würde sich in Widerspruch zu verfassungsrechtlich garantierten öffentlichen und privaten (persönlichen) Rechten setzen. Die Beweiserhebungsverbote schützen diese Werte und beschränken insoweit die strafprozessuale Wahrheitserforschung. Zu unterscheiden ist zwischen den nachfolgenden Untergruppen:

1.1 Die Beweisthemaverbote

Die Beweisthemaverbote unterbinden die Aufklärung bestimmter Sachverhalte zu Beweiszwecken.

Beispiele:

Getilgte Vorstrafen (§ 51 Abs. 1 BZRG).

Erkenntnisse aus dem Kernbereich privater Lebensgestaltung bei der TKÜ, der Online-Durchsuchung und der akustischen Wohnraumüberwachung (§ 100d Abs. 2 S. 1 StPO).

1.2 Die Beweismittelverbote

Die Beweismittelverbote untersagen die Verwendung bestimmter Beweismittel, wogegen die Aufklärung des Sachverhalts mit anderen Beweismitteln zulässig bleibt. Zu den verbotenen Beweismitteln gehören beispielsweise Aussagen von aussage- und untersuchungsverweigerungsberechtigten Personen, die von ihrem Verweigerungsrecht Gebrauch gemacht haben.

Beispiele:

Zeugnisverweigerungsrecht der Angehörigen des Beschuldigten (§ 52 StGB).

Zeugnisverweigerungsrecht der Berufsgeheimnisträger (§ 53 StPO).

Auskunftsverweigerungsrecht (§ 55 StPO).

Untersuchung anderer Personen (§ 81c Abs. 3 StPO).

1.3 Die Beweismethodenverbote

Die Beweismethodenverbote schließen eine bestimmte Art und Weise der sonst zulässigen Beweiserhebung aus. Diese Verbote betreffen insbesondere die gemäß § 136a StPO unzulässigen Methoden der Beweiserhebung (verbotene Vernehmungsmethoden), die zugleich zwingend ein Beweisverwertungsverbot nach sich ziehen. Dies gilt unabhängig davon, ob die gewonnene **Aussage** der **Wahrheit** entspricht oder der **Beschuldigte** der **Verwertung** zustimmt (§ 136a Abs. 3 S. 2 StPO). Gleiches gilt für die **Vernehmung** von **Zeugen** und **Sachverständigen** (§§ 69 Abs. 3, 72 StPO).

Beispiele:

Einem Beweisverwertungsverbot unterliegen Angaben von Personen, deren Willensfreiheit über die Wahrnehmung ihrer Aussagefreiheit durch Alkohol, Drogen oder Medikamente beeinflusst oder beeinträchtigt war.[20]

Unverwertbar sind Angaben des Beschuldigten aufgrund der wahrheitswidrigen Erklärung des Vernehmungsbeamten, der weiß, dass aufgrund der bisherigen Ermittlungen kein dringender Tatverdacht besteht, dass die vor-

20 Zu Einzelheiten vgl. z. B. *Soiné*, in: Kriminalistik und forensische Wissenschaften, S. 403 ff. m. w. N.

liegenden Beweise dem Beschuldigten keine Chance ließen, und er seine Lage nur durch ein Geständnis verbessern könne. In diesem Fall täuscht der Vernehmungsbeamte über die Beweis- und Verfahrenslage.[21]

Einem Beweisverwertungsverbot unterliegen Angaben des Beschuldigten oder Zeugen, die durch Fortwirken einer verbotenen Vernehmungsmethode entstanden sind. Wirkt der Verstoß gegen § 136a Abs. 1 StPO dergestalt fort, dass hierdurch auch bei einer zeitlich nachgelagerten Vernehmung die Aussagefreiheit der Aussageperson in rechtserheblicher Weise beeinträchtigt wird, umfasst das Verwertungsverbot des § 136a Abs. 3 StPO auch die spätere Beweiserhebung. Indizien für eine derartige Fortwirkung sind ein naher zeitlicher Zusammenhang zwischen der Anwendung der verbotenen Vernehmungsmethode und der neuen Befragung sowie die Schwere der Beeinträchtigung der Willensfreiheit. Berichtet die Aussageperson bei der späteren Vernehmung nicht von sich aus im Zusammenhang, sondern bestätigt auf Vorhalt nur pauschal ihre früheren Aussagen oder nimmt auf sie Bezug, so kann dies darauf hindeuten, dass sie weiterhin unter dem Eindruck der verbotenen Vernehmungsmethode steht. Gegen eine Fortwirkung spricht hingegen, wenn sich die Aussageperson bei der späteren Vernehmung ihrer Freiheit bewusst ist, sich von ihrer früheren Einlassung zu distanzieren.[22]

2. Die Beweisverwertungsverbote

Beweisverwertungsverbote schließen die Berücksichtigung bestimmter Beweise im Strafprozess aus: Sie dürfen nicht zum Gegenstand der Beweiswürdigung und Urteilsfindung gemacht werden. Nicht alle Beschränkungen auf dem Gebiet des Beweisrechts haben jedoch ein Verwertungsverbot zur Folge. Die Entscheidung für oder gegen ein Beweisverwertungsverbot ist vielmehr aufgrund einer Abwägung der im Rechtsstaatsprinzip angelegten gegenläufigen Gebote und Ziele zu treffen.[23]

Unterschieden werden **unselbstständige** (gesetzlich verankerte) und **selbstständige** (sich unmittelbar aus der Verfassung ergebende) **Be-**

21 *BGHSt* 35, 328 = Kriminalistik 1989, 268; *BGH*, NJW 2017, 1253, 1255 Rz 23.

22 *BGH*, NStZ 2021, 431.

23 *BVerfG*, NJW 2007, 499, 503 = Kriminalistik 2007, 11; *BGH*, StV 2011, 603 = Kriminalistik 2012, 43.

weisverwertungsverbote. Innerhalb der letztgenannten Gruppe wird weiter zwischen absoluten und relativen Beweisverwertungsverboten differenziert.

2.1 Die unselbstständigen Beweisverwertungsverbote

Unselbstständige Beweisverwertungsverbote sind Folge der Verletzung eines Beweiserhebungsverbotes. Aus einer rechtsfehlerhaften Beweiserhebung ergibt sich jedoch nicht zwingend ein Verwertungsverbot, insbesondere nicht aus dem Grundsatz des fairen Verfahrens.[24] Für die Rechtsprechung liegt ein unselbstständiges Beweisverwertungsverbot nahe, wenn die bei der Beweiserhebung verletzte Vorschrift der Sicherung der verfahrensrechtlichen Stellung des Beschuldigten dient.

Beispiele:

Zeugnisverweigerungsrecht der Angehörigen des Beschuldigten (§ 52 StPO).

Erste Vernehmung (§ 136 Abs. 1 S. 2 StPO).

TKÜ (§ 100a StPO).[25]

Zunehmend wird die Frage der Verwertbarkeit durch gerichtliche Abwägung entschieden, wobei das Gewicht der Verletzung und deren Bedeutung für die rechtlich geschützte Sphäre des Betroffenen den Folgen eines Verbots für die Wahrheitserforschung und Funktionstüchtigkeit der Strafrechtspflege gegenübergestellt werden.[26]

2.2 Die selbstständigen Beweisverwertungsverbote

Die selbstständigen Beweisverwertungsverbote bestehen auch bei rechtmäßiger Beweiserhebung wegen ihrer grundrechtlichen Bedeutung. Unverwertbar sind in jedem Fall Informationen, die dem unantastbaren Kernbereich privater Lebensgestaltung zugehören.

24 *BVerfG*, NStZ 2006, 46.

25 Nachweise bei *BGH*, NJW 1992, 1463 = Kriminalistik 1992, 423.

26 Z. B. *BGH*, NJW 1992, 1463, 1464 = Kriminalistik 1992, 423; *BGH*, NJW 2008, 1090 = Kriminalistik 2009, 80.

Beispiele:
Akustische Wohnraumüberwachung (§ 100d Abs. 2 S. 2 – 3 StPO).

Überwachung von Selbstgesprächen in Krankenzimmern einer Klinik (§§ 100c Abs. 1 Nr. 3, 100d Abs. 2 StPO).[27]

Überwachung von Selbstgesprächen in Kfz (§ 100f i. V. m. §§ 100d Abs. 2, 100e Abs. 1 StPO).[28]

Hingegen ist die Verwertbarkeit von Informationen durch Abwägung zu ermitteln, wenn sie außerhalb dieses engen Bereichs, etwa in der Privatsphäre, liegen. Bei Äußerungen über konkret begangene Straftaten verneint die Rechtsprechung regelmäßig die Zugehörigkeit zum Kernbereich privater Lebensgestaltung.

Beispiele:
Tagebuchaufzeichnungen.[29]

Akustische Wohnraumüberwachung.[30]

2.2.1. Die absoluten Beweisverwertungsverbote

Die absoluten Beweisverwertungsverbote sollen den unantastbaren Kernbereich privater Lebensgestaltung schützen.

Beispiele:
Verbot der Verwertung von Erkenntnissen aus der akustischen Wohnraumüberwachung, die dem Kernbereich privater Lebensgestaltung zuzurechnen sind (§ 100d Abs. 2 S. 1 StPO).

Verwertungsverbot für Aussagen, die durch eine verbotene Vernehmungsmethode zustande gekommen sind (§ 136a Abs. 1 oder 2 StPO), trotz Zustimmung des Beschuldigten (§ 136a Abs. 3 S. 2 StPO). Das Verwertungsverbot besteht bei belastenden und entlastenden, falschen oder richtigen Aussagen und bleibt auch bei nachträglicher Einwilligung des Beschuldigten in die Verwertung seiner Aussage erhalten.

---

27 *BGH*, NStZ 2005, 700 = Kriminalistik 2006, 310.
28 *BGHSt* 57, 71 = Kriminalistik 2012, 319.
29 *BGH*, NJW 1990, 563 = Kriminalistik 1990, 149.
30 Vgl. § 100c Abs. 4 S. 2–3 StPO a. F.: „Gespräche in Betriebs- oder Geschäftsräumen sind in der Regel nicht dem Kernbereich privater Lebensgestaltung zuzurechnen. Das Gleiche gilt für Gespräche über begangene Straftaten und Äußerungen, mittels derer Straftaten begangen werden.“.

2.2.2. Die relativen Beweisverwertungsverbote

Die Reichweite der relativen Beweisverwertungsverbote wird im Einzelfall nach Ausgrenzung des Sachverhalts vom unantastbaren Kernbereich privater Lebensgestaltung durch eine Abwägung bestimmt: Abzuwägen ist zwischen dem Strafverfolgungsinteresse einerseits und dem Persönlichkeitsrecht andererseits.

Beispiele:

Verwertungsverbot für erhobene Beweise im weiteren Verfahren ohne Einwilligung des hierzu befugten gesetzlichen Vertreters des Zeugen (§ 81c Abs. 3 S. 5 StPO).

Verbot der Verwertung von Zufallsfunden bei Durchsuchungen zu Beweiszwecken (§ 108 Abs. 2 und 3 StPO).

Die Verwertung von Erkenntnissen zeugnisverweigerungsberechtigter Berufsgruppen (z. B. Anwälte, Steuerberater und Ärzte) wird von einer Verhältnismäßigkeitsprüfung im Einzelfall abhängig gemacht (§ 160a Abs. 2 StPO).

Das relative Beweisverwertungsverbot des § 160a Abs. 2 StPO verbietet eine Verwertung von unzulässig erhobenen Erkenntnissen nur zu Beweiszwecken (d. h. zur Beweisführung in der Hauptverhandlung), nicht aber als Ermittlungsansatz[31].

2.2.3. Die Beweisverwertungsverbote außerhalb der Strafprozessordnung

Außerhalb der StPO sind Beweisverwertungsverbote u. a. in § 51 BZRG geregelt. Das Verbot des § 51 Abs. 1 BZRG erstreckt sich nicht nur auf die Vorstrafe als solche, sondern auch auf Umstände, die in engem Zusammenhang mit der nicht verwertbaren Tat stehen.

31 Zur Begriffsverwendung „Ermittlungsansatz“ und „Spurenansatz“, vgl. *Soiné*, ArchKrim Bd. 249 (2022), S. 69.

Beispiele:

Erneute Tatbegehung am selben Opfer.[32]

Erfahrungen mit Brandlegung.[33]

Hohe Alkoholverträglichkeit.[34]

2.2.4. Die Verwendungsverbote

Von den Beweisverwertungsverboten sind die Verwendungsverbote zu unterscheiden. Bei Verwendungsverboten ist eine Verwendung von Daten für andere Zwecke unzulässig. Auch Zufallsfunde dürfen weder als Ermittlungsansatz noch zu Beweiszwecken verwendet werden.

Beispiele:

Technische Ermittlungsmaßnahmen bei Mobilfunkendgeräten (§ 100i Abs. 2 S. 2 StPO).

Maßnahmen bei zeugnisverweigerungsberechtigten Berufsgeheimnisträgern (§ 160a Abs. 1 S. 2 StPO).

3. Das Indiz im Beweisrecht

Ein weiterer wichtiger, insbesondere in der Beweislehre verwendeter Begriff ist das Indiz. Indizien sind im Gegensatz zu Tatsachen, die sich direkt unter eine materiell-rechtliche Vorschrift subsumieren lassen („Haupttatsachen"), Beweisanzeichen („Untertatsachen"), also mittelbar erhebliche Tatsachen. Sie lassen den Schluss auf unmittelbar erhebliche Tatsachen zu. Aus einem Indiz können Schlussfolgerungen gezogen werden.

32 *BGHSt* 51, 100 = Kriminalistik 2007, 639.
33 *BGH*, StraFo 2006, 296.
34 *KG*, NStZ-RR 2007, 353.

Beispiele:

Zeugenaussage (Zeuge kann die Tat beobachtet haben und deshalb die Haupttatsache – z. B. die Wegnahme einer Sache – aufgrund eigener Wahrnehmung bekunden. Damit ist der Beweis für die Haupttatsache noch nicht unmittelbar erbracht, denn der Zeuge kann sich irren oder den Beschuldigten bewusst zu Unrecht belasten).

Fingerabdrücke des Tatverdächtigen (Sie lassen auf dessen Anwesenheit am Tatort schließen. Gegenstände mit Fingerabdrücken des Tatverdächtigen, die am Tatort sichergestellt werden, können auch durch den Täter oder Dritte gezielt dorthin verbracht worden sein).

Der **Indizienbeweis** oder **Anzeichenbeweis** (vgl. § 267 Abs. 1 S. 2 StPO) ist der Beweis aufgrund mittelbarer Tatsachen, die auf den zu beweisenden Vorgang schließen lassen (indirekter Beweis). Bei Schlussfolgerungen im Rahmen eines Indizienbeweises müssen insbesondere

- die Lebenserfahrung,
- die anerkannten Denkgesetze als die Regeln der Logik

und

- die Erkenntnisse von Wissenschaft und Technik

angemessen berücksichtigt werden.

Dabei spielen Wahrscheinlichkeitsbetrachtungen eine große Rolle. Folgende Begriffe sind hierbei von Bedeutung:

3.1 Die Indizienreihe

Indizienreihe bedeutet, dass jedes Anzeichen für sich auf eine unmittelbar entscheidungserhebliche Tatsache hinweist.

3.2 Der Indizienring

Bezieht sich eine Mehrheit von selbstständigen Indizien auf ein und dieselbe (Haupt-)Tatsache, so ist ein Indizienring gegeben.

3.3 Die Indizienkette

Lassen sich mehrere Indizien sachlich und logisch dergestalt miteinander verknüpfen, dass immer von einem Indiz auf das nachfolgende Indiz geschlossen werden kann, dann ergibt sich eine Indizienkette. Zunächst erfolgt der Schluss immer wieder von einem Indiz auf ein weiteres und am Ende dann auf die entscheidungserhebliche Tatsache. Der Beweiswert einer Indizienkette hängt vom jeweils schwächsten Glied dieser Kette ab.

3.4 Der Alibibeweis

Als Sonderfall des Indizienbeweises lässt sich der sog. Alibibeweis verstehen, mit dem der Beschuldigte den Nachweis seiner Unschuld zu erbringen versucht. In diesem Zusammenhang hat die höchstrichterliche Rechtsprechung den Grundsatz aufgestellt, dass ein fehlgeschlagener Alibibeweis nicht für eine Täterschaft des Angeklagten gewertet werden darf.[35] Dies gilt selbst dann, wenn sich herausstellt, dass ein behauptetes Alibi falsch ist.[36] Eine nachweisbar **erlogene Alibibehauptung** kann jedoch dann ein belastendes Indiz sein, wenn sie im Wege der Vorwegverteidigung darauf gerichtet ist, einen den Ermittlungsbehörden noch nicht bekannten Tatumstand zu entkräften, den nur der Täter wissen kann.[37]

35 *BGH*, NStZ 1995, 231.
36 *BGH*, StV 1992, 259.
37 *BGH*, NStZ 1999, 423.

V. Das staatsanwaltschaftliche Ermittlungsverfahren

1. Das Legalitätsprinzip

Das staatsanwaltschaftliche Ermittlungsverfahren steht in Zusammenhang mit dem Legalitätsprinzip. Dieses Prinzip, auch Gesetzmäßigkeitsgrundsatz, bezeichnet die **Verpflichtung** der Strafverfolgungsorgane zum **Einschreiten** wegen aller **verfolgbaren Straftaten**. Bei diesem **schriftlichen Verfahren** müssen alle Beweiserhebungen vollständig in die Akten aufgenommen werden.

1.1 Anzeige- und Ermittlungspflicht bei dienstlicher Kenntnisnahme von Straftaten

Das Legalitätsprinzip ist in §§ 152 Abs. 2, 160 Abs. 1 StPO verankert und verpflichtet die **StA** bei Vorliegen eines **Anfangsverdachts**, Ermittlungen aufzunehmen, sog. **Erforschungspflicht**. Für die **Polizei** ergibt sich diese Pflicht aus §§ 152 Abs. 2, 163 Abs. 1 StPO. Die Strafverfolgungsorgane müssen alle **zulässigen**, **geeigneten** und **erforderlichen Maßnahmen** ergreifen.[38] Diese Pflicht bezieht sich stets auf dienstlich bekannt gewordene Straftaten.[39] Damit haben Polizeibeamte eine Garantenstellung für strafrechtlich geschützte Rechtsgüter grundsätzlich nur im Rahmen der Dienstausübung.[40] Ihr gesetzlicher Auftrag verpflichtet Polizeibeamte auch dazu, **Straftaten aus ihren eigenen Reihen aufzuklären** und **nicht zu verdecken**.[41] Polizeibeamte sind **gegenüber Personen**, die **nicht mit der Verfolgung von Straftaten beauftragt** sind, zur **Verschwiegenheit verpflichtet**. Dies gilt selbst bei Vorliegen eines (nur vagen) Straftatverdachts und erst recht gegenüber Personen, gegen die sich der Verdacht richtet.

---

38 *BVerfG*, NStZ 1996, 45 = Kriminalistik 1996, 483.

39 *BGHSt* 4, 167, 169, 170.

40 *BGHSt* 38, 388 = Kriminalistik 1993, 344.

41 *LG Neuruppin*, Urt. v. 3.7.2010 – 11 Ks 321 Js 2/09, BeckRS 2011, 05209 (Verurteilung eines Berliner Polizeibeamten wegen Totschlags). Das Urteil ist rechtskräftig; *BGH*, Beschl. v. 17.3.2011, 5 StR 534/10 –, juris.

Beispiel:
Die Information des Chefs des polizeiärztlichen Dienstes durch den Leiter der Polizeibehörde über ein anonymes Schreiben, in dem der Chef des polizeiärztlichen Dienstes einer angeblichen jahrelangen unzulässigen Abgabe von Medizin an den Verwaltungsleiter der Polizei bezichtigt wird, verwirklicht den Tatbestand der Verletzung von Dienstgeheimnissen (§ 353b Abs. 1 StGB) und der versuchten Strafvereitelung (§§ 258 Abs. 1 und 4, 22, 23 Abs. 1 StGB). Unerheblich ist, dass der Leiter der Polizeibehörde die Begehung einer Vortat nur irrtümlich für möglich hält.[42]

Bei einer in der Sache berechtigten Anzeigenerstattung durch einen Polizeibeamten stellt der Hinweis des Betroffenen ihm gegenüber, sich an den (angeblich) persönlich bekannten Vorgesetzten zu wenden und dessen Einschreiten gegenüber dem Beamten zu veranlassen, eine Vereinnahmung der dienstlichen Stellung des angeblich bekannten Beamten dar, die über die Ankündigung einer gewöhnlichen (Dienstaufsichts-)Beschwerde hinausgeht. In diesem Fall kommt eine Strafbarkeit wegen versuchter Nötigung in Betracht.[43]

1.2 Außerdienstliche Kenntnisnahme von Straftaten

Zu einem Einschreiten sind die Beamten des Polizeidienstes nur dann verpflichtet, wenn es sich um eine Straftat handelt, die nach Art oder Umfang die Belange der Öffentlichkeit und der Volksgesamtheit in besonderem Maß berührt.[44] Eine Rechtspflicht zum Handeln kann sich auch ergeben, wenn sich die **außerdienstlich Kenntnisnahme von Straftaten** z. B. auf **Dauerdelikte** oder **auf ständige Wiederholung angelegte Handlungen** bezieht, die **während der Dienstausübung fortwirken**; dabei bedarf es der Abwägung im Einzelfall, ob das öffentliche Interesse privaten Belangen vorgeht.[45]

Bei der Frage nach der Zulässigkeit strafprozessualer Sofort- und Zwangsmaßnahmen (z. B. Festnahme, Durchsuchung, Beschlagnah-

42 *BGH*, NJW 2015, 3732.
43 *KG*, StV 2021, 511 = Kriminalistik 2021, 471.
44 *BGHSt* 5, 225, 229; 12, 277, 280; einschränkend *BGHSt* 38, 388 = Kriminalistik 1993, 344; *OLG Köln*, NJW 1981, 1794; *OLG Karlsruhe*, NStZ 1988, 503.
45 *BGH*, NStZ 2000, 147.

me) bei außerdienstlicher Kenntnisnahme ist der **Grundsatz der Verhältnismäßigkeit** besonders zu beachten. Je schwerwiegender die festgestellte Rechtsverletzung sich aus Sicht des handelnden Beamten darstellt, desto geringere Anforderungen sind an die Schwelle der Pflicht zum Einschreiten zu stellen.

Dabei macht die Tatsache, dass ein Beamter sich **außer Dienst** befindet und **Zivilkleidung** trägt, ihn nicht unzuständig.[46] Auch ein **alkoholisierter Polizeibeamter**, bei dem nicht die volle Dienstpflichtfähigkeit, aber **Teildienstfähigkeit** besteht, kann sich bei außerdienstlicher Kenntnisnahme von einer Straftat in den Dienst versetzen.[47]

Wird ein Polizeibeamter in seiner Freizeit Zeuge einer Straftat, z. B. einer Körperverletzung (§ 223 StGB), so kann er sich wie jeder Bürger grundsätzlich nur im Rahmen der **echten Unterlassungsdelikte**, hier wegen Unterlassener Hilfeleistung (§ 323c StGB),[48] strafbar machen. Allerdings kann bei einem zur Strafverfolgung berufenen Polizeibeamten sich unter dem Aspekt der **Strafvereitelung** eine **Garantenstellung aus privat erlangtem Wissen** ergeben.

Beispiel:
Verurteilung eines Kriminalhauptkommissars wegen Strafvereitelung durch Unterlassen, weil er keine Anzeige erstattete, obwohl er außerdienstlich im Rahmen einer nicht genehmigten und nicht genehmigungsfähigen Nebentätigkeit Kenntnis davon erlangt hatte, dass ein Dritter durch betrügerische Manipulationen eine Kreditzusage in Höhe von 8,2 Mio. DM erwirkt hatte.[49]

Eine **Garantenstellung** besteht hingegen nicht, wenn ein Polizeibeamter **außerhalb seiner Dienstausübung** es unterlässt, die **Festnahme** eines ihm bekannten, per Haftbefehl gesuchten Straftäters zu veranlassen. In diesem Fall scheidet eine Strafbarkeit wegen **Strafvereitelung** aus.[50]

46 *OLG Celle*, NdsRpfl 1964, 258; *OLG Neustadt*, NJW 1958, 161.
47 Dies gilt auch für gefahrenabwehrrechtliche Maßnahmen, z. B. anlässlich eines privaten Gaststättenbesuchs; vgl. *VG Wiesbaden*, Urt. v. 19.1.2005, Az: 8 E 499/03 –, juris.
48 *BGHSt* 38, 388 = Kriminalistik 1993, 344.
49 *BVerfG*, NJW 2003, 1030 = Kriminalistik 2003, 589.
50 *OLG Koblenz*, NStZ-RR 1998, 332 = Kriminalistik 1999, 170.

Hingegen ist bei **privat erlangter Kenntnis** von **vorhersehbaren Rechtsgutsverletzungen** für Polizeibeamte der **Schutz von Individualrechtsgütern Dritter wesentlicher Bestandteil ihrer Berufspflicht**, so dass sich für die Beamten **innerhalb ihrer sachlichen und örtlichen Zuständigkeit** eine **Garantenpflicht** und damit eine **Mitteilungspflicht an die eigene Polizeidienststelle** ergibt.

Beispiel:
Ein Polizeihauptkommissar ist auf Grund seiner beruflichen Stellung grundsätzlich verpflichtet, privat erlangtes Wissen, dass sich ein ihm bekannter „Reichsbürger" gegen die Sicherstellung seiner Waffensammlung massiv wehren werde, seiner Dienststelle oder dem Staatsschutzkommissariat mitzuteilen. Werden bei dem Einsatz Beamte des SEK getötet oder verletzt, setzt die Bestrafung des Polizeibeamten wegen fahrlässiger Tötung durch Unterlassen mit fahrlässiger Körperverletzung im Amt durch Unterlassen in zwei tateinheitlichen Fällen jedoch die hinreichende Wahrscheinlichkeit voraus, dass die Weitergabe der Informationen, über welche er verfügte, den Tod bzw. die Verletzung der Beamten des SEK verhindert hätte. Daran fehlt es, wenn die Weitergabe des Wissens nicht mit überwiegender Wahrscheinlichkeit zu einer Änderung der Einsatzplanung mit der Folge eines veränderten anschließenden Geschehensablaufs geführt hätte.[51]

2. Der Grundsatz der freien Gestaltung des Ermittlungsverfahrens

Für die **StA** und die **Polizei** gilt der Grundsatz der **freien Gestaltung des Ermittlungsverfahrens**.[52] Er gilt, soweit nicht ein bestimmtes Vorgehen oder bestimmte Tätigkeitsformen vorgeschrieben sind oder sich zwingend aus der Sachlage oder mittelbar aus Rechtsgründen ergeben. Der Ablauf des Ermittlungsverfahrens kann nicht gesetzlich schematisiert werden, weil **Spielraum** für eine sachgerechte **Kriminaltaktik** und einen effektiven **Einsatz der Kriminaltechnik** bleiben muss.[53] Zudem beinhaltet die StPO gegenwärtig **keine ausdrückliche Verpflichtung** zur **zeitnahen Auswertung** erlangter Erkenntnisse, na-

51 *OLG Nürnberg*, Beschl. v. 6.11.2017 – 1 Ws 297/17 –, juris.
52 *BVerfGE* 103, 142 = Kriminalistik 2001, 244 = Kriminalistik 2001, 488.
53 *Soiné*, 131. Akt., § 163 StPO Rz 29 m. w. N.

mentlich aus heimlichen Überwachungsmaßnahmen.[54] Der Polizei kann sogar bei drohenden Nachteilen eines irreparablen Eingriffs in das Recht auf informationelle Selbstbestimmung des Betroffenen die Sichtung und Auswertung von Beweisgegenständen im Ermittlungsverfahren, z. B. wegen des Verdachts des Besitzes kinderpornografischer Inhalte gemäß § 184b StGB, vorläufig untersagt werden, wenn dadurch der staatliche Strafanspruch zwar verzögert, nicht aber vereitelt wird.[55]

2.1 Anwendung von kriminalistischer List

Zur Kriminaltaktik zählt auch die Anwendung zulässiger **kriminalistischer List**.[56] Dieser Begriff steht in engem Zusammenhang mit der Beweiserhebung und -verwertung im Strafverfahren. Er wird überwiegend im Kontext von verbotenen Vernehmungsmethoden (§ 136a StPO) diskutiert. Objektiv-rechtlich stellt sich § 136a StPO als eine prozessrechtliche Ausformung des Leitgedankens der Rechtsstaatlichkeit dar, unter dem nach Art. 20 Abs. 3 GG das gesamte Strafverfahren steht.[57] § 136a StPO ist daher auch Ausdruck des in der Rechtsprechung[58] oft wiederholten Programmsatzes, dass die **Wahrheit nicht um jeden Preis erforscht** werden darf. Allerdings verbietet § 136a StPO nach der Judikatur[59] nur Irreführungen, die bewusst darauf abzielen, die von der Vorschrift geschützte Aussagefreiheit zu beeinträchtigen. Eine Verpflichtung, Irrtümer des Vernommenen über Tatsachen zu verhindern oder zu beheben, ist aus der Vorschrift nicht herzuleiten.

Allgemein setzt die kriminalistische List voraus, dass die Strafverfolgungsorgane bei ihren offen (Durchsuchung, Beschlagnahme etc.) oder verdeckt (z. B. akustische Wohnraumüberwachung, VE) geführten Ermittlungen nicht gegen Grundprinzipien eines rechtsstaatlichen Strafverfahrens verstoßen. Hierzu zählen insbesondere die Pflicht zur Wahrung der Grundrechte, speziell der Menschenwürde,

54 *BGH*, NJW 2014, 1314, 1316 = Kriminalistik 2014, 494.
55 *BVerfG*, NJW 2014, 2939.
56 Ausführlich dazu, vgl. z. B. *Soiné*, NStZ 2010, 596.
57 *BGHSt* 31, 304, 308; 44, 129, 134.
58 Siehe Fn 1.
59 *BGH*, NStZ 1997, 251.

die Beachtung des Grundsatzes der Verhältnismäßigkeit (Übermaßverbot) und die Selbstbelastungsfreiheit.[60]

> **Beispiel:**
> Heimlich mitgehörte Telefongespräche können ohne Vorliegen einer richterlich angeordneten TKÜ verwertbar sein. Voraussetzung dafür ist, dass das Verhalten des Gesprächsteilnehmers, der einen Dritten mithören lässt, nicht auf Täuschung angelegt ist, der Inhalt des Gesprächs keinen vertraulichen Charakter hat oder der betroffene Gesprächspartner nicht ausdrücklich erklärt, dass er Wert auf Vertraulichkeit legt.[61]

2.2 Heimliche Ermittlungen

Zulässig sind heimliche Ermittlungen wie der **Einsatz verdeckt ermittelnder Personen** (Informanten, VP, NoeP, VE), die **TKÜ**, die **Online-Durchsuchung**, die **Postbeschlagnahme**, die **Längerfristige Observation** oder die **Akustische Wohnraumüberwachung**.

„Die Heimlichkeit von Maßnahmen der Strafverfolgung verstößt als solche nicht gegen das im Gebot des fairen Verfahrens wurzelnde Täuschungsverbot. (...) Ermittlungen in Heimlichkeit sind (...) eine unabdingbare Voraussetzung des Erfolgs einer Reihe von Maßnahmen der Strafverfolgung, die nicht allein deshalb rechtsstaatswidrig sind.“[62]

Verdeckt ermittelnde Personen werden z. B. eingesetzt, um Straftaten im **Internet** aufzuklären, das von anonym, pseudonym und in geschlossenen Foren agierenden Kriminellen zum illegalen Handel mit BtM, zur digitalen Verbreitung von Kinderpornografie und der Androhung von Terroranschlägen etc. genutzt wird.[63]

---

60 *BGHSt* 34, 39, 46; 36, 328, 332; 38, 214, 220 = Kriminalistik 1992, 423; *BGHSt* 42, 139, 151 f.

61 *BGHSt* 39, 335, 340, 345 = Kriminalistik 1994, 538; *BGHSt* 42, 139.

62 *BVerfGE* 109, 279 = Kriminalistik 2004, 251 in Bezug auf die akustische Wohnraumüberwachung.

63 Zu verdeckt ermittelnden Personen im Internet, vgl. z. B. *Soiné*, NStZ 2003, 223; *ders.* NStZ 2014, 248; *ders.* NStZ 2022, 321 und zur Regelungsbedürftigkeit des strafprozessualen VP-Einsatzes, *ders.* ZRP 2021, 47.

Die **Online-Durchsuchung** kommt in Betracht, wenn **informationstechnische Systeme** wie PC, Laptops oder Smartphones unter Nutzung kryptologischer Verfahren zur Vorbereitung und Durchführung schwerer Straftaten verwendet werden.[64]

2.3 Legendierte Kontrollen

Legendierte (Fahrzeug-)Kontrollen sind **Durchsuchungen von Personen und Sachen**, bei denen die Betroffenen über die **Hintergründe** der Maßnahmen **getäuscht** bzw. **nicht aufgeklärt** werden.[65] Ergibt sich z. B. im Zuge langfristiger verdeckter Ermittlungen gegen kriminelle Strukturen die Notwendigkeit eines zwischenzeitlichen Zugriffs auf Randpersonen wie Drogenkuriere, die BtM für Hintermänner transportieren, erfolgt die Durchsuchung von Verstecken in der Praxis nach entsprechenden Hinweisen der ermittlungsführenden Polizeidienststelle durch den Zoll, die BPOL oder die Schutzpolizei. In diesen Fällen besteht ein **Anfangsverdacht** wegen einer **verfolgbaren Straftat** (§§ 152 Abs. 2, 160 Abs. 1 StPO) und die Maßnahme ist ihrer Rechtsnatur nach eine **Durchsuchung** (§§ 102, 105 StPO), die dem Richtervorbehalt unterliegt. Fraglich ist, ob das **Zurückstellen** der **Bekanntmachung** der Gründe für die Durchsuchungsanordnung zulässig ist.[66] Die Rechtsprechung hat legendierte Kontrollen für rechtmäßig erklärt: Es gebe weder einen allgemeinen Vorrang der StPO gegenüber dem Gefahrenabwehrrecht noch umgekehrt. Die Polizei könne auch während eines bereits laufenden Ermittlungsverfahrens aufgrund präventiver Ermächtigungsgrundlagen zum Zwecke der Gefahrenabwehr tätig werden.[67] Werden z. B. bei einer zulässigen zollamtlichen Kontrolle eines Kfz Drogen sichergestellt, so seien diese als Beweismittel in einem laufenden Ermittlungsverfahren gemäß

64 Zur strafprozessualen Online-Durchsuchung, siehe z. B. *Soiné*, NStZ 2018, 497.

65 Hierzu z. B. *Soiné/Weyhrich*, Kriminalistik 2020, 172.

66 In der Literatur wird die Rechtmäßigkeit der Maßnahme zum Teil angezweifelt, vgl. *Müller/Röhmer*, NStZ 2012, 543 m. w. N.; teils wird ihre Zulässigkeit bejaht; siehe z. B. *Nowrousian*, Kriminalistik 2011, 370; *ders.*, Kriminalistik 2012, 174.

67 *BGH*, (5. Strafsenat), Urt. v. 10.6.2021 – 5 StR 377/20 Rz 20 –, juris; *BGHSt* 62, 123 = Kriminalistik 2017, 687; *BGH*, NStZ-RR 2016, 176.

§ 161 Abs. 2 S. 1 StPO verwertbar. Dem stehe nicht entgegen, dass die zollrechtliche Kontrolle eines Kfz nach § 10 ZollVG – anders als eine Durchsuchung nach §§ 102, 105 StPO – ohne richterlichen Durchsuchungsbeschluss zulässig ist. Entscheidend sei, dass ein Ermittlungsrichter bei hypothetischer Betrachtung einen entsprechenden richterlichen Durchsuchungsbeschluss erlassen hätte. Eine rechtsmissbräuchliche Umgehung der Anordnungsvoraussetzungen des strafprozessualen Eingriffs liege nicht vor, wenn durch die Maßnahme der Zweck der Gefahrenabwehr verfolgt wird wie die Verhinderung der Einfuhr von BtM.[68]

2.4 Staatliche Tatprovokation

Eine staatliche Tatprovokation liegt vor, wenn ein **VE**, ein **NoeP** oder eine von einem Amtsträger geführte **VP** auf den Täter über das bloße „Mitmachen" hinaus in Richtung auf ein **Wecken der Tatbereitschaft** oder eine **Intensivierung der Tatplanung** mit einiger Erheblichkeit stimulierend einwirkt. Die betroffene Person muss in einem den §§ 152 Abs. 2, 160 StPO vergleichbaren Grad verdächtig sein, an einer bereits **begangenen Straftat** beteiligt gewesen oder zu einer **zukünftigen Straftat** bereit zu sein.[69] Objektive Anhaltspunkte für den Verdacht können in BtM-Fällen z. B. die erwiesene Vertrautheit mit aktuellen Preisen, die Fähigkeit zur kurzfristigen Beschaffung von BtM und eine Gewinnbeteiligung des Täters sein.[70] Von Bedeutung kann auch sein, ob die Person vorbestraft ist (was für sich allein noch kein ausreichendes Indiz darstellt) und gegen sie ein Ermittlungsverfahren eingeleitet worden war.[71] Eine Tatprovokation ist nur bei „weitgehender Passivität" der verdeckt ermittelnden Personen zulässig.[72]

Keine polizeiliche Tatprovokation ist z. B. anzunehmen, wenn eine **VP** eine Person ohne sonstige Einwirkung darauf anspricht, ob die-

68 *BGH*, NStZ 2018, 296.

69 *BGHSt* 45, 321, 336 f. = Kriminalistik 2000, 269; *BGHSt* 47, 44, 47 f. = Kriminalistik 2001, 815; *BGHSt* 60, 276 Rz 24.

70 *EGMR*, NStZ 2015, 412, 414 Rz 52 m. w. N.; *BGHSt* 60, 276 Rz 22.

71 *BGHSt* 60, 276 Rz 22.

72 *BGH*, (5. Strafsenat), Urt. v. 4.7.2018 – 5 StR 650/17, BeckRS 2018, 17767 Rz 26 m. w. N.

se BtM beschaffen könne oder die **VP** nur deren offen erkennbare Bereitschaft zur Begehung oder Fortsetzung von Straftaten ausnutzt.[73]

Eine **polizeiliche Tatprovokation** ist **rechtsstaatswidrig** und verletzt Art. 6 Abs. 1 EMRK, wenn eine unverdächtige und zunächst nicht tatgeneigte Person durch einen **VE**, einen **NoeP** oder eine **VP** in einer dem Staat zurechenbaren Weise zu einer Straftat verleitet wird und dies zu einem Strafverfahren führt.[74] Auch bei anfänglich bereits bestehendem Tatverdacht kann eine rechtsstaatswidrige Tatprovokation vorliegen, soweit die Einwirkung im Verhältnis zum Anfangsverdacht „unvertretbar übergewichtig“ ist[75] und der Täter aufgrund des Einwirkens des **VE** eine Tat mit erheblich höherem Unrechtsgehalt begeht („Aufstiftung“.[76] Unzulässig ist das Ausüben von physischem oder psychischem Druck auf die Zielperson.[77] Der Europäische Gerichtshof für Menschenrechte stellt in BtM-Fällen hierbei u. a. darauf ab, ob die verdeckt ermittelnde Person von sich aus Kontakt zu dem Täter aufgenommen, ihr Angebot trotz anfänglicher Ablehnung erneuert oder den Täter mit den Marktpreis übersteigenden Preisen geködert hat.[78]

Der Verstoß gegen Art. 6 Abs. 1 S. 1 EMRK kann zur **Einstellung des Verfahrens** wegen eines Verfahrenshindernisses führen.

---

73 *BGHSt* 45, 321, 338 = Kriminalistik 2000, 269; *BGHSt* 47, 44, 47 = Kriminalistik 2001, 815; *BGHSt* 60, 238 Rz 24 f.; *BGH*, NStZ 2016, 232, 233; *BGH*, (5. Strafsenat), Urt. v. 4.7.2018 – 5 StR 650/17, BeckRS 2018, 17767 Rz 26 m. w. N.

74 *BGHSt* 45, 321, 335 = Kriminalistik 2000, 269; *BGHSt* 47, 44, 47 = Kriminalistik 2001, 815; *BGHSt* 60, 238 Rz 24 f.; *BGHSt* 60, 276 Rz 24; *BGH*, NStZ 2016, 232, 233.

75 *BGH*, NStZ 2014, 277, 279 Rz 34 m. w. N.; *BGHSt* 60, 238 Rz 24 f.; *BGHSt* 60, 276 Rz 24; *BGH*, NStZ 2016, 232, 233.

76 *BGH*, (1. Strafsenat), Urt. v. 16.12.2021 – 1 StR 197/21, BeckRS 2021, 42005 Rz 22.

77 *BGH*, (1. Strafsenat), Urt. v. 16.12.2021 – 1 StR 197/21, BeckRS 2021, 42005 Rz 41.

78 *EGMR*, NStZ 2015, 412, 414 Rz 52.

2.5 Zurückstellen von Ermittlungen

Das Zurückstellen von Ermittlungsmaßnahmen aus **kriminaltaktischen Gründen** soll mit dem Legalitätsprinzip, das alle Polizeibeamten zur Verfolgung von Straftaten verpflichtet (§§ 152 Abs. 2, 160, 163 StPO),[79] nur unter engen Voraussetzungen vereinbar sein.[80] Zulässig sei dies bei Einsätzen von VE (RiStBV[81], Anl. D, II. 2. 6. 1[82]), bei denen diese Polizeibeamten neuen Verdachtsgründen für strafbare Handlungen solange nicht nachgehen müssten, als dies ihre Ermittlungen nicht gefährde (RiStBV, Anl. D, II. 2. 6. 2, 1. Hs.). Davon ausgenommen seien neu entdeckte Taten, die aufgrund ihrer Schwere sofortiges Handeln geböten (RiStBV, Anl. D, II. 2. 6. 2, 2. Hs.). In diesen Fällen müsse die Zustimmung der StA zur Zurückstellung herbeigeführt werden. Sei dies nicht rechtzeitig möglich, müsse die StA unverzüglich unterrichtet werden (RiStBV, Anl. D, II. 2. 6. 3).

79 Dies gilt auch für VE; siehe RiStBV, Anl. D, II. 2. 6.

80 Die Nichtanzeige dienstlich bekannt gewordener Straftaten ist gemäß § 258a StGB strafbar; vgl. etwa *Schönke/Schröder*-Stree/Hecker, § 258a StGB Rz 10 m. w. N.

81 Hierbei handelt es sich um eine von den Justizverwaltungen des Bundes und der Länder am 1.1.1977 gemeinsam vereinbarte und bundeseinheitlich in Kraft gesetzte Verwaltungsvorschrift, die zahlreiche Paragrafen der StPO, des StGB, des Nebenstrafrechts und des Ordnungswidrigkeitenrechts erläutert, konkretisiert oder ergänzt. Die RiStBV wurde zuletzt geändert mit Wirkung vom 1.12.2021 durch Bekanntmachung vom 8.11.2021 (BAnz. AT 24.11.2021 B1). Sie enthalten Vorschriften für die Durchführung des Strafverfahrens und des Bußgeldverfahrens, die sich – von einigen Hinweisen an den Richter abgesehen – vornehmlich an den StA richten, in weiten Teilen aber auch für die polizeiliche Ermittlungstätigkeit von Bedeutung sind. Die Grundsätze in den Richtlinien betreffen u. a. im Allgemeinen Teil die Durchführung der einzelnen Abschnitte des Strafverfahrens und im Besonderen Teil die Durchführung des Strafverfahrens bei bestimmten Deliktsarten des StGB und des Nebenstrafrechts. Einen wichtigen Bestandteil der RiStBV bilden die Anl. A bis F.

82 Unter diesen Voraussetzungen kommt die Strafbarkeit eines VE wegen §§ 258a, 13 StGB nicht in Betracht; vgl. *Schwarzburg*, NStZ 1995, 469, 471.

2.6 Einsatzbedingte Straftaten

Einsatzbedingte Straftaten[83] sind Taten, die von verdeckt ermittelnden Polizeibeamten (NoeP, VE) oder VP begangen werden und in einem räumlichen und zeitlichen Zusammenhang mit den fallbezogenen Ermittlungen stehen. Sie sind auf das Eindringen in die kriminelle Organisationsstruktur, das Sammeln von Beweismitteln und die Überführung von Tätern gerichtet.[84] Verwirklichen verdeckt operierende Personen im Rahmen ihres Ermittlungsauftrages den objektiven Tatbestand eines Strafgesetzes, sollen diese Handlungen oder Unterlassungen im Einzelfall gemäß § 34 StGB gerechtfertigt sein.[85] Die hierzu veröffentlichte Rechtsprechung hält – ohne erkennbaren Bezug zu einsatzbedingten Straftaten – den rechtfertigenden Notstand bei straftatbestandsmäßigem hoheitlichem Handeln für anwendbar.[86] In der Literatur wird die Ansicht vertreten, dass die geringfügige Verletzung von Individualrechten, z. B. Hausbesetzungen, zur Verhinderung der Enttarnung und einer damit verbundenen Gefahr für Leib oder Leben der eingesetzten Person unter der Voraussetzung der Verhältnismäßigkeit gerechtfertigt sei.[87] Nach den RiStBV, Anl. D, II. Nr. 2. 2, S. 3, soll beim repressiven Einsatz von VE und NoeP in Ausnahmefällen nicht nur eine Rechtfertigung gemäß § 34 StGB, sondern auch der entschuldigende Notstand nach § 35 StGB in Betracht kommen.[88] Bei der Verwirklichung von Straftatbeständen durch VP wird nur § 34 StGB diskutiert. Für dessen grundsätzliche Anwendbarkeit ist es unerheblich, ob VP als Privatpersonen in staatlichem Auftrag, mit staatlicher Billigung oder eigenverantwortlich handeln.[89]

---

83 Synonyme für die ebenfalls gebräuchlichen Bezeichnungen „milieubedingte Straftaten“, „Keuschheits- oder Nagelproben“ und „legendenbildende bzw. -unterstützende Straftaten“; siehe die Aufstellung bei *Sinn*, S. 50.

84 *Sinn*, S. 52; *Könnecke*, S. 84.

85 Für viele, siehe *Schönke/Schröder*-Perron, § 34 StGB Rz 41c m. w. N.; *Lackner/Kühl*-Kühl, § 34 StGB Rz 14 m. w. N.

86 *BGHSt* 27, 260; 31, 304; *OLG Frankfurt*, NJW 1975, 271 = NJW 1975, 1668; *OLG Saarbrücken*, NStZ 1991, 386.

87 *Soiné*, 138. Akt., § 110c StPO Rz 27 m. w. N.

88 So z. B. *Soiné*, 138. Akt., § 110c StPO Rz 27 m. w. N.

89 *Soiné*, NStZ 2013, 83, 86 f. in Bezug auf VP der Nachrichtendienste.

Exkurs:

Keine einsatzbedingten Straftaten sind **Probekäufe**[90] , **Scheinkäufe**[91] und **Vertrauenskäufe**[92] im Rahmen verdeckter Ermittlungen. Die Maßnahmen erfolgen zu Beweiszwecken und die betreffenden Objekte sollen aus dem Verkehr gezogen werden.

Probekäufe, **Scheinkäufe** und **Vertrauenskäufe** finden unter Einsatz von sog. **Kaufgeld**[93] und größtmöglichen Sicherheitsvorkehrungen statt. Rechtsgrundlage sind die **Befugnis-** oder **Ermittlungsgeneralklauseln** der §§ 161 Abs. 1 S. 1, 163 Abs. 1 S. 2 StPO. Die Weitergabe von Kaufgeld an Mittelsmänner ist grundsätzlich nicht statthaft. Eine Ausnahme besteht, wenn die Weitergabe aus taktischen Gründen unumgänglich und der Ermittlungserfolg nicht auf andere Weise zu erreichen ist. Die unmittelbare Einflussnahme auf die Verwendung des Kaufgeldes und die Überwachung der Mittelsmänner müssen gewährleistet sein. Das an Straftäter herausgegebene Geld ist nach Möglichkeit polizeilich sicherzustellen, gerichtlich einzuziehen und dem betroffenen Bundes- oder Landeshaushalt wieder zuzuführen. Die Verwendung von Kaufgeld in der Kriminalitätsbekämpfung ist auf Bundes- und Landesebene durch Erlasse geregelt.

2.7 Sammelverfahren

Auch die **Reihenfolge** der Ermittlungen kann nach Zweck und Stand der Untersuchungen bestimmt werden. Dies zeigt sich deutlich bei Sammelverfahren . Hierbei handelt es sich um ein strafrechtliches Ermittlungsverfahren, das gegen einen oder mehrere Beschuldigte bei einer StA konzentriert geführt wird, obwohl auch ein Tatort im Bezirk einer anderen StA begründet ist (vgl. Nr. 25 RiStBV). In Deutschland ist dem **BKA** im Interesse einer effektiven Strafverfol-

90 Probekäufe erfolgen zur Überprüfung der Qualität von angebotenen inkriminierten Objekten, z. B. von Falschgeld, Rauschgift und Waffen; siehe z. B. *Wirth*-Soiné, S. 487, Schlagwort „Probekauf".

91 Bei Scheinkäufen wird zum Schein auf den Erwerb inkriminierter Objekte eingegangen. Der Abschluss eines Geschäfts, d. h. die Übergabe von Objekten gegen Geld, muss nicht erfolgen; siehe z. B. *Wirth*-Soiné, S. 528, Schlagwort „Scheinkauf".

92 Vertrauenskäufe erfolgen zur Vertrauensbildung und Überprüfung der Qualität des Angebots. Sie sind Voraussetzung für den Ankauf größerer Mengen von inkriminierten Objekten; siehe z. B. *Wirth*-Soiné, S. 684, Schlagwort „Vertrauenskauf".

93 Vgl. z. B. *Wirth*-Soiné, S. 352, Schlagwort „Kaufgeld".

gung eine **Koordinierungsbefugnis** gesetzlich zugewiesen worden (§ 36 BKAG). Berührt eine Straftat den Bereich mehrerer Bundesländer oder besteht ein Zusammenhang mit einer anderen Straftat in einem anderen Bundesland und sind hierbei einheitliche Ermittlungen angezeigt, so unterrichtet das BKA die obersten Landesbehörden und die Generalstaatsanwälte, in deren Bezirk ein Gerichtsstand nach §§ 7–21 StPO begründet ist. Das BKA weist sodann – im Einvernehmen mit dem zuständigen Generalstaatsanwalt und der obersten Landesbehörde – dem Land die Strafverfolgungsaufgabe insgesamt zu. Zuständig für das Verfahren ist das jeweilige LKA, das jedoch eine andere Polizeibehörde beauftragen kann (Nr. 28 RiStBV).[94] Mit Hilfe des Zentralen Staatsanwaltschaftlichen Verfahrensregisters, dessen Einrichtung in §§ 492–495 StPO geregelt ist, können bundesweit Informationen über laufende Ermittlungsverfahren ausgetauscht werden. Dies stärkt die Funktionstüchtigkeit der Strafrechtspflege, insbesondere durch Erleichterung der Verfolgung von überörtlichen Tätern und Mehrfachtätern. Damit können Doppelverfahren vermieden und frühzeitig Sammelverfahren eingeleitet werden.

3. Aktenvollständigkeit und Aktenwahrheit

Die allen Behörden nach dem GG obliegende Vollziehung der Gesetze ist nicht ohne **Dokumentation** einzelner Verwaltungsvorgänge denkbar. Sie hat das bisherige sachbezogene Geschehen sowie mögliche Erkenntnisquellen für das künftig in Frage kommende behördliche Handeln zu enthalten. Erforderlich hierfür ist die Führung von Akten, ohne dass es eines ausdrücklichen Ausspruchs im Gesetz bedürfte.[95] Nach der aus dem Rechtsstaatsprinzip (Art. 20 Abs. 3 GG) abgeleiteten **Pflicht** zur **vollständigen** und **wahrheitsgemäßen Aktenführung**[96] steht es nicht im Belieben der Strafverfolgungsbehörden, ob sie Ermittlungsmaßnahmen in den Akten vermerken und zu wel-

94 Die Regelung in Nr. 29 RiStBV, wonach der das Sammelverfahren führende StA alsbald das BKA um Mitteilung dieses Verfahrens im Bundeskriminalblatt ersucht, ist obsolet geworden, denn das Erscheinen dieses Fahndungshilfsmittels wurde Ende 2016 eingestellt.

95 *BVerfG*, NJW 1983, 2135.

96 *BVerwG*, NVwZ 1988, 621.

chem Zeitpunkt sie es tun. Das entscheidende Gericht muss den Gang des Verfahrens ohne Abstriche nachvollziehen können. Dies ist kein Selbstzweck, sondern soll die ordnungsgemäße Vorbereitung der Hauptverhandlung durch das Gericht und die übrigen Verfahrensbeteiligten gewährleisten. Zudem muss in einem Rechtsstaat schon der bloße Anschein vermieden werden, die Ermittlungsbehörden wollten etwas verbergen.[97]

Ausnahmen von der **Aktenvollständigkeit** sind gemäß § 96 StPO gesperrte Akten und Informationen von und über behördlich geheim gehaltene Zeugen bei Vertraulichkeitszusagen, ferner Informationen über den Einsatz und die wahre Identität von VE nach § 110b Abs. 3 S. 3 StPO.

4. Anklageerhebung und Verfahrenseinstellung

Die StA hat nach § 170 Abs. 1 StPO bei Bestätigung des Verdachts Anklage zu erheben, d. h. es besteht nach dem Gesetz **Verfolgungszwang** gegenüber jeder **straftatverdächtigen Person**.[98] Hierdurch sollen die Grundsätze der Gleichheit vor dem Gesetz (Art. 3 Abs. 1 GG) und der Gerechtigkeit verwirklicht werden. Die StA hat nicht nur die zur **Belastung** einer Person, sondern auch die zu deren **Entlastung** dienenden Umstände zu ermitteln und bei der Entscheidung, ob sie Anklage erheben will, zu berücksichtigen (§ 160 Abs. 2 StPO). Sie muss das Verfahren einstellen, wenn die Ermittlungen keinen genügenden Anlass zur Klageerhebung bieten (§ 170 Abs. 2 StPO). Verfolgbarkeit besteht, wenn keine **persönlichen Strafausschließungs-** oder **Strafaufhebungsgründe** und keine **Verfahrenshindernisse** vorliegen. Persönliche Strafausschließungsgründe sind die gesetzlich normierten Umstände, deren Vorhandensein von vornherein zur Straflosigkeit führt und die bereits bei der Tatbegehung vorgelegen haben müssen, z. B. das Angehörigenverhältnis im Fall der Strafvereitelung, die Beteiligung an der Vortat bei Begünstigungs- und Strafvereitelungshandlungen. Persönliche Strafaufhebungsgründe sind Umstände, die nach Tatbegehung eintreten und die bereits begrün-

97 *BGH*, NStZ 2014, 277, 281 Rz 46 m. w. N.; *BGH*, NStZ-RR 2015, 379.
98 *BVerfG*, NStZ 1982, 430 = NStZ 1983, 130.

dete Strafbarkeit rückwirkend wieder beseitigen, z. B. Rücktritt vom Versuch, Rücktritt vom Versuch der Verbrechensbeteiligung und die Selbstanzeige bei der Steuerhinterziehung. Verfahrenshindernisse können im Fehlen der deutschen Gerichtsbarkeit, in der örtlichen und sachlichen (Un-)Zuständigkeit oder im Verbrauch der Strafklage und anderweitige Rechtshängigkeit, aber auch in der Verjährung und Amnestie liegen.

5. Die Verdachtsgrade

Das Strafprozessrecht unterscheidet im Sinne einer Steigerung mehrere **Verdachtsgrade** bzw. **Verdachtsstufen**.

5.1 Der einfache Tatverdacht

Zureichende tatsächliche Anhaltspunkte (§ 152 Abs. 2 StPO) begründen einen einfachen Tatverdacht (Anfangsverdacht), der weder hinreichend (§ 203 StPO) noch dringend (§ 112 StPO) zu sein braucht. Dieser Begriff steht für eine allgemeine Bezeichnung für die auf bestimmte Tatsachen und Schlussfolgerungen gestützte Annahme bzw. Überzeugung der Strafverfolgungsbehörden, dass eine Straftat begangen worden ist. Der Tatverdacht kann sich gegen **Unbekannt** oder gegen eine **bekannte Person** richten.

Es müssen **konkrete Tatsachen** vorliegen, die nach **kriminalistischer Erfahrung**[99] einen Verstoß gegen Strafrechtsnormen als möglich erscheinen lassen.[100] Damit kann auch ein an sich legales Verhalten einen Anfangsverdacht begründen, wenn weitere Anhaltspunkte hinzutreten.[101]

Für die Aufnahme der Ermittlungen genügen schon **entfernte Indizien**, nicht jedoch bloße **Vermutungen**.[102] Die kriminalistisch unerläss-

99 Zur kriminalistischen Erfahrung als Rechtserkenntnisquelle, vgl. z. B. *Soiné*, Kriminalistik 2010, 275.

100 *BVerfGK* 3, 55; *BVerfG*, NJW 1994, 783; *BVerfG*, NStZ 1982, 430 = NStZ 1983, 130; *BGH*, NJW 1989, 96; *OLG Dresden*, StV 2001, 581.

101 *BVerfG*, NJW 2014, 3085.

102 *OLG Düsseldorf*, NJW 2005, 1791 m. w. N.

liche **Hypothese (Version)** reicht für einen Tatverdacht ebenfalls nicht aus.[103]

Die ausfüllungsbedürftige und -fähige Formulierung „zureichende tatsächliche Anhaltspunkte“ beschreibt nicht, wann ein Tatverdacht gegeben ist, sondern lediglich die Methode der Verdachtsgewinnung. Es handelt sich um eine retrospektive Analyse, bei der aus einer bekannten Tatsache unter Anwendung eines Erfahrungssatzes auf eine unbekannte, in der Vergangenheit liegende Tatsache, die Straftat, geschlossen wird. Die Formel kennzeichnet einen unbestimmten Rechtsbegriff, der dem Rechtsanwender aufgrund seiner besonderen Sachnähe und Kompetenz einen gewissen Beurteilungsspielraum[104] einräumen will. Dies gilt auch für den Zeitpunkt der für erforderlich gehaltenen Ermittlungsmaßnahmen. Folglich kann auch das (erkennbare) Tätigwerden aus kriminaltaktischen Gründen zeitweise aufgeschoben werden, um etwa Hintermänner oder Drahtzieher zu ermitteln. Gleiches gilt, wenn dies bei Abwägung aller Umstände zum Schutz besonders wichtiger Rechtsgüter gerechtfertigt und erforderlich ist, etwa zur Abwehr einer Gefahr für Leib oder Leben von Geiseln. Innerhalb dieses Spielraums können verschiedene Entscheidungsträger zu unterschiedlichen Ergebnissen gelangen, ohne allein deshalb pflichtwidrig zu handeln. Es besteht jedoch **kein Ermessen** bei der Prüfung der Voraussetzungen eines Anfangsverdachts.

5.2 Der hinreichende Tatverdacht

Der hinreichende Tatverdacht ist Voraussetzung für die Anklageerhebung (§ 170 Abs. 1 StPO i. V. m. § 203 StPO). Darunter ist die Wahrscheinlichkeit zu verstehen, dass der Beschuldigte eine strafbare Handlung begangen hat und verurteilt werden wird.

---

103 *OLG Hamburg*, GA 1984, 289 f. – Zum Begriff der Version, vgl. z. B. *Wirth*-Roll, S. 682. Ausführlich zur Hypothesenbildung bei *Walder/Hansjakob/Gundlach/Straub*, S. 220 ff.

104 *BVerfG*, NJW 1984, 1451 = NJW 1984, 1676; *BGHSt* 37, 48, 51 f. = Kriminalistik 1990, 663; 38, 214, 228 = Kriminalistik 1992, 423; *BGH*, NJW 1989, 96.

5.3 Der dringende Tatverdacht

Ein dringender Tatverdacht ist Voraussetzung für eine Reihe einschneidender Zwangsmaßnahmen wie die Untersuchungshaft (§ 112 Abs. 1 S. 1 StPO). Dieser Verdachtsgrad liegt vor, wenn die hohe Wahrscheinlichkeit besteht, dass der Beschuldigte Täter oder Teilnehmer einer Straftat ist.[105]

6. Der Beschuldigte

Als Beschuldigter wird der Tatverdächtige bezeichnet, gegen den die Strafverfolgungsorgane aufgrund eines Willensaktes das Verfahren betreiben.[106] Es ist also erforderlich, dass gegen diese Person gerade als Beschuldigter ermittelt wird.[107] Auch mehrere Verdächtige, die sich als Täter gegenseitig ausschließen, können Beschuldigte sein. Das Beschuldigtenverhältnis wird durch die Einstellung des Ermittlungsverfahrens nach § 170 Abs. 2 StPO beendet. Außerdem endet das Beschuldigtenverhältnis mit der das Erkenntnisverfahren gegen ihn abschließenden rechtskräftigen Entscheidung. Nach Rechtskraft eines verurteilenden Erkenntnisses bezeichnet das Gesetz den Beschuldigten als Verurteilten (vgl. §§ 449–463d StPO).

7. Der Verdächtige

Die StPO kennt neben dem Begriff des Beschuldigten auch den des Verdächtigen. Im Strafverfahren bezeichnet dieser eine Person, gegen die im Hinblick auf eine entweder mit Gewissheit oder zumindest möglicherweise begangene Straftat ein Tatverdacht besteht. Die StPO verwendet den Begriff des Verdächtigen, wenn lediglich ein **vager Verdacht** vorliegt. Der Betroffene muss noch nicht die Stellung eines Beschuldigten erlangt haben. Der Begriff des Verdächtigen findet sich nur in § 163b Abs. 1 StPO, der Maßnahmen zur Identitätsfeststellung regelt.

---

105 *BVerfG*, NJW 1996, 1049; *BGHSt* 38, 276, 278; *OLG Brandenburg*, StV 1996, 157; *OLG Köln*, StV 1999, 156, 157.
106 *BGHSt* 51, 367, 370 = Kriminalistik 2007, 530.
107 *BGHSt* 10, 8, 12; 34, 138, 140.

8. Zeuge, sachverständiger Zeuge und Zeuge vom Hörensagen

8.1 Der Zeuge

Im Unterschied zum Beschuldigten und Verdächtigen handelt es sich bei einem Zeugen um eine Person, die in einem nicht gegen sie selbst gerichteten Strafverfahren Auskunft über wahrgenommene Tatsachen gibt.[108] Der Zeuge ist ein **persönliches Beweismittel** im Sinne der StPO. Er bekundet eine Wahrnehmung über einen in der Vergangenheit liegenden Vorgang. **Erreichbare Zeugen** sind nicht durch andere Beweismittel beliebig zu ersetzen.

Der Zeuge ist verpflichtet,

- vor Gericht zu erscheinen (§§ 51, 161a StPO),
- auszusagen (§§ 52–55, 161a StPO),
- die Wahrheit anzugeben (§§ 57, 161a StPO) und
- bei richterlicher Vernehmung die Aussage besonders zu bekräftigen (§§ 59, 62–66 StPO).

Bei Vernehmungen durch die Polizei gelten alle besonderen Schutzbestimmungen der StPO, soweit sie Rechte des Zeugen betreffen oder besondere Rücksichten vorschreiben. Der Zeuge ist auch verpflichtet, **auf Ladung vor Ermittlungspersonen der StA** zu **erscheinen** und zur Sache **auszusagen**, sofern der Ladung ein **Auftrag der StA** zugrunde liegt (§ 163 Abs. 3 S. 1 StPO).[109]

Bei polizeilichen Zeugenvernehmungen sind insbesondere folgende Vorschriften zu beachten:

- Zeugnisverweigerungsrecht der Angehörigen des Beschuldigten (§ 52 StPO),
- Zeugnisverweigerungsrecht der Berufsgeheimnisträger und der mitwirkenden Personen (§§ 53–53a StPO),
- Aussagegenehmigung für Angehörige des öffentlichen Dienstes (§ 54 StPO),
- Auskunftsverweigerungsrecht (§ 55 StPO),

---

108 *RGSt* 52, 289.

109 Zu den Zeugenpflichten gegenüber der Polizei, siehe z. B. *Soiné*, NStZ 2018, 141.

- Beschränkung des Fragerechts aus Gründen des Persönlichkeitsschutzes (§ 68a StPO) und
- Verbot unzulässiger Vernehmungsmethoden (§ 69 Abs. 3 StPO).

Exkurs:
Polizeibeamte als Zeugen müssen nicht über ihre Rechte belehrt werden, weil sie wissen, dass sie sich nicht durch eigene Angaben belasten müssen.[110]

8.2 Der sachverständige Zeuge

Der sachverständige Zeuge bekundet Tatsachen, zu deren Wahrnehmung eine besondere Sachkunde erforderlich ist, die gerade er besitzt (§ 85 StPO). Im Gegensatz zum Sachverständigen ist er nicht auswechselbar und auch nicht ablehnbar.

Beispiele:
Ein Arzt erhebt einen Untersuchungsbefund, ohne diesen im Weiteren gutachtlich zu würdigen.

Ein Techniker stellt einen Schaden fest.

8.3 Der Zeuge vom Hörensagen

Der Zeuge vom Hörensagen ist eine Aussageperson, die von einem anderen (unmittelbaren) Zeugen eine Schilderung über eine Straftat oder den Täter vernommen hat. Der Rückgriff auf seine Wahrnehmungen bezüglich früherer Aussagen eines anderen Zeugen verletzt nicht den Grundsatz des fairen Verfahrens.[111] Auf seine Bekundungen dürfen den Angeklagten belastende Feststellungen nur dann gestützt werden, wenn sie durch andere wichtige Gesichtspunkte bestätigt werden.[112] Die Zulässigkeitsgrenze bei der Heranziehung des Zeugen vom Hörensagen anstelle des unmittelbaren Zeugen ergibt sich allein aus dem Grundsatz der richterlichen Aufklärungspflicht gemäß § 244 Abs. 2 StPO.[113]

---

110 *VG Berlin* – Disziplinarkammer, Urt. v. 16.10.2009, Az.: 80 K 15.09 OL Rz 25 –, juris.
111 *BVerfG*, NStZ 1991, 445.
112 *BGH*, wistra 2013, 400 = Kriminalistik 2014, 23.
113 *BVerfGE* 57, 250, 277; *BGHSt* 6, 209, 210; 36, 159, 162 = Kriminalistik 1990, 466; *BGH*, NStZ 2004, 50.

Beispiele:
VP-Führer und

VE-Führer.

9. Der Sachverständige

Der Sachverständige weist ein besonderes Fachwissen auf einem speziellen Gebiet auf. Er verfügt im Straf- oder Zivilverfahren für bestimmte Beweisfragen über benötigte Erfahrungssätze und wendet sie auf konkrete Sachverhalte an bzw. stellt die beweiserheblichen Tatsachen aufgrund besonderer Sachkunde fest. Der Sachverständige übermittelt Sachkunde oder wendet sie an. Im Gegensatz zum Zeugen ist der Sachverständige auswechselbar. Der Sachverständige ist nur Gehilfe des Richters ohne Rücksicht darauf, wer ihn zunächst zugezogen hat. Er soll das Wissen und die Lebenserfahrung des Richters auf einem speziellen Fachgebiet durch Gutachten ergänzen (Sachverständigengutachten). Aus denselben Gründen, die zur Ablehnung eines Richters berechtigen, kann auch der Sachverständige abgelehnt werden (§ 74 StPO). Der Sachverständige hat im Rahmen des § 75 StPO eine Pflicht zur Gutachtenerstattung.

Beispiele für polizeiliche Gutachtertätigkeit:
Operative Fallanalyse.[114]

Täteranalyse.[115]

114 *BGH*, NStZ 2006, 712. – Kriminalistisches Werkzeug, welches das Fallverständnis bei Tötungs- und sexuellen Gewaltdelikten sowie anderen geeigneten Fällen von besonderer Bedeutung auf der Grundlage objektiver Daten und möglichst umfassender Informationen zum Opfer mit dem Ziel vertieft, ermittlungsunterstützende Hinweise zu erarbeiten; vgl. *Schiemann*, NStZ 2007, 684, 685 unter Hinweis auf eine Definition des BKA. – Die Bewertungen, die einer operativen Fallanalyse, die sich u. a. zu möglichen Eigenheiten des Täters verhält, zugrunde liegen, können erforderlichenfalls Gegenstand der Beweiswürdigung sein; *BGH*, NJW 2021, 2057.

115 *BGH*, NStZ 2009, 284. – Resultat der eigenständigen Beurteilung der Ermittlungsergebnisse durch Mitarbeiter einer Polizeibehörde unter Einbeziehung von Tatsachen und Erfahrungssätzen (z. B. strukturiert handelnder Täter, Erfahrung mit bestimmten Delikten, fachgerechter Einsatz von Werkzeugen).

10. Die Richtervorbehalte bei strafprozessualen Grundrechtseingriffen

Bestimmte polizeiliche Befugnisse setzen die Mitwirkung eines Richters (in der Regel des Amtsgerichts) voraus, indem bestimmte Maßnahmen durch den Richter entweder angeordnet oder durch ihn bestätigt werden (Richtervorbehalt).

Zu den **verfassungsunmittelbaren Richtervorbehalten** zählen:

- Entscheidungen über Zulässigkeit und Dauer von Freiheitsentziehungen (Art. 104 Abs. 2 GG),
- Anordnungen zur Durchsuchung von Wohnungen (Art. 13 Abs. 2 GG) oder
- Anordnungen zum Einsatz technischer Mittel in Wohnungen (Art. 13 Abs. 3 GG).

Einfachgesetzliche Richtervorbehalte finden sich in der StPO, in strafrechtlichen Nebengesetzen und in den Polizeigesetzen des Bundes und Länder.[116] Bei den einfachgesetzlichen Richtervorbehalten ist zwischen Maßnahmen mit **ausschließlichem Richtervorbehalt** und solchen zu unterscheiden, bei denen die StA und die Polizei (überwiegend Ermittlungspersonen der StA gemäß § 152 GVG) eine **Notfall-** oder **Ersatzkompetenz** haben.

Der **Richter** hat die allgemeine **Anordnungsbefugnis** u. a. in folgenden Fällen:

- Körperliche Untersuchung des Beschuldigten (§ 81a Abs. 2 S. 1 StPO),
- Untersuchung anderer Personen (§ 81c Abs. 3 StPO),
- Verfahren bei der Beschlagnahme (§ 98 Abs. 1 StPO),
- Haftbefehl (§ 114 Abs. 1 StPO).

Ein **Richtervorbehalt mit kompensatorischen Ersatzkomponenten** ist beispielsweise in den nachstehenden Bestimmungen enthalten:

---

116 Einfachgesetzliche Richtervorbehalte bei polizeirechtlichen Freiheitsentziehungen: § 57 BKAG; §§ 39 ff. BPolG; § 28 Abs. 4 S. 1 PolG BW; Art. 18 Abs. 1 BayPAG; § 31 Abs. 3 ASOG Bln; § 18 Abs. 2 BbgPolG; § 14 Abs. 1 BremPolG; § 13a Abs. 2 HmbSOG; § 33 Abs. 2 HSOG; § 19 Abs. 2 NPOG; § 36 Abs. 2 PolG NRW; § 15 Abs. 2 POG RP; § 14 Abs. 2 SPolG; § 23 SächsPVDG; § 38 Abs. 2 SOG LSA; § 20 Abs. 2 Thür PAG.

- Körperliche Untersuchung des Beschuldigten (§ 81a Abs. 2 S. 1 StPO),
- Untersuchung anderer Personen (§ 81c Abs. 5 StPO),
- Verfahren bei der Beschlagnahme (§ 98 Abs. 1 StPO,
- Anordnung der TKÜ (§ 100e Abs. 1 StPO),
- Anordnung von Durchsuchungen (§ 105 Abs. 1 StPO),
- Anordnung von Kontrollstellen an öffentlich zugänglichen Orten (§ 111 Abs. 2 StPO),
- Anordnung der Speicherung und des Abgleichs von Daten aus Kontrollen (§ 163d Abs. 2 StPO).

Nachträgliche richterliche Bestätigung ist u. a. in folgenden Fällen erforderlich:

- Anordnung der Beschlagnahme durch Ermittlungspersonen der StA (§ 98 Abs. 2 StPO),
- Anordnung der Rasterfahndung durch die StA (§ 98b Abs. 1 StPO),
- Anordnung der Postbeschlagnahme durch die StA (§ 100 Abs. 2 StPO),
- Anordnung der TKÜ durch die StA (§ 100e Abs. 1 S. 2 StPO),
- Zeugen- und Sachverständigenvernehmung durch die StA (§ 161a Abs. 3 StPO),
- Beschuldigtenvernehmung im Ermittlungsverfahren durch die StA (§ 163a Abs. 3 StPO),
- Anordnung der Speicherung und des Abgleichs von Daten aus Kontrollen durch die StA und ihre Ermittlungspersonen (§ 163d Abs. 1–4 StPO),
- Anordnung einer Ausschreibung zur Beobachtung bei polizeilichen Kontrollen durch die StA (§ 163e Abs. 4 StPO).

VI. Das Vorfeld des strafprozessualen Ermittlungsverfahrens

Die **Doppelfunktion** der Polizei als Organ der Strafrechtspflege und zum Schutz der öffentlichen Sicherheit und Ordnung bestellte Exekutive führt häufig zu **Gemengelagen**, bei denen Aufgaben der Strafverfolgung und Gefahrenabwehr zusammentreffen, sich überschneiden und fast untrennbar miteinander verbunden erscheinen. Solche Lebenssachverhalte lassen sich nicht ohne weiteres zu Gunsten eines Primats der Strafverfolgung entscheiden.[117]

Beispiel:

Bei einer Entführung (§§ 239a, b StGB) tritt neben die Aufgabe der Straftatenaufklärung und Festnahme des Täters die polizeiliche Verpflichtung, Leben, körperliche Unversehrtheit und sonstige Schutzgüter des Opfers vor Schaden zu bewahren.[118]

Ob das polizeiliche Handeln auf der Strafverfolgung oder auf der Gefahrenabwehr liegt, bestimmt die Rechtsprechung wie folgt:

- Für die Abgrenzung der beiden Aufgabengebiete ist maßgebend, wie sich der konkrete Sachverhalt einem verständigen Bürger in der Lage des Betroffenen bei natürlicher Betrachtungsweise darstellt; in diesem Zusammenhang kommt dem erklärten oder erkennbaren Willen des eingreifenden Sachwalters erhebliche Bedeutung zu.[119]
- Bei der Doppelfunktionalität polizeilicher Maßnahmen kommt es auf ihren Schwerpunkt an, der nicht nach der Wahl der Rechts-

117 Vgl. auch *BVerfGE* 39, 1 ff. (Rz 158) unter Bezugnahme auf *BVerfGE* 30, 336, 350: „Leitgedanke des Vorrangs der Prävention vor der Repression!".

118 Zu rechtlichen Aspekten der Gefahrenabwehr in Entführungsfällen, siehe z. B. *Haurand/Vahle*, NVwZ 2003, 513.

119 *BVerwGE* 47, 255, 264 f.; 66, 192; *VGH Mannheim*, VBlBW 1989, 16 = Kriminalistik 1988, 612; *VGH Mannheim*, NVwZ-RR 2011, 232; *OVG Münster*, NVwZ-RR 2014, 863 = Kriminalistik 2015, 43.

grundlage, sondern objektiv nach der gegebenen Situation zu bestimmen ist.[120]

In diesem Stadium kommt es nicht selten zu sog. informatorischen Befragungen, Vorermittlungen und Initiativermittlungen.

1. Die informatorische Befragung

Unter einer informatorischen Befragung versteht man die formlose Befragung von Personen, in der Regel durch Polizeibeamte an einem Ereignisort, um beurteilen zu können, ob überhaupt eine Straftat vorliegt oder ob präventive Maßnahmen erforderlich sind („informatorisches Herumhören“). In diesem Stadium ist noch ungeklärt, welches polizeiliche Handlungsfeld (Gefahrenabwehr oder Strafverfolgung) eröffnet ist.

Zu diesem Zeitpunkt gegenüber der Polizei ungefragt abgegebene **spontane Äußerungen**,[121] beispielsweise ein ohne Zutun eines Polizeibeamten abgelegtes **spontanes Geständnis**, sind uneingeschränkt verwertbar.[122] Auch eine gegenüber einem Polizeibeamten **ungefragt** abgegebene **Sachverhaltsschilderung** und die in Anwesenheit eines Polizeibeamten gegenüber dem Beschuldigten erfolgte Bezichtigung durch einen zur Zeugnisverweigerung berechtigten Angehörigen bleiben als sog. **Spontanäußerungen** auch nach Gebrauchmachen des Angehörigen von seinem Zeugnisverweigerungsrecht verwertbar.[123] Bei informatorischen Befragungen bestehen grundsätzlich die Verweigerungsrechte nach §§ 52–56 StPO, selbst wenn eine Belehrung nach diesen Vorschriften in diesem Stadium noch nicht angezeigt ist.[124] Spontanäußerungen dürfen von Ermittlern nicht ausgenutzt

120 *BGH*, NStZ 1995, 601, 602 m. w. N. = Kriminalistik 1996, 703. – Die sog. Schwerpunkttheorie der Verwaltungsgerichte wird durch das Urteil des *BGH* zu legendierten Kontrollen (Gliederungspunkt V. 2.3) grundlegend in Frage gestellt. Das Gericht hält bei Gemengelagen die Anwendung von Gefahrenabwehrrecht und Strafprozessrecht nebeneinander für zulässig; *BGHSt* 62, 123 = Kriminalistik 2017, 687.

121 Zu Spontanäußerungen aus rechtlicher Sicht, siehe z. B. *Soiné*, Kriminalistik 2017, 324.

122 *BGH*, StV 1990, 194 = Kriminalistik 1990, 213.

123 *OLG Saarbrücken*, NStZ 2008, 585 = Kriminalistik 2008, 431.

124 *LG Schweinfurt*, StraFo 2008, 30.

werden, um Belehrungspflichten zu umgehen. Eine solche Umgehung liegt zumindest nahe, wenn Polizeibeamte sich nach einem Spontangeständnis über einen erheblichen Zeitraum Einzelheiten der Tat berichten lassen, ohne den Beschuldigten auf sein Aussageverweigerungsrecht hinzuweisen.[125] Auch gebietet der Grundsatz der Selbstbelastungsfreiheit, dass bei Beschuldigten, die von ihrem Schweigerecht Gebrauch gemacht haben, deren **Spontanäußerungen** zum **Randgeschehen** nicht zum Anlass für sachaufklärende Nachfragen genommen werden.[126]

Die informatorische Befragung im Rahmen einer **verdachtsunabhängigen Verkehrskontrolle** nach § 36 Abs. 5 S. 1 StVO – allgemeine Frage nach Alkohol- und/oder Drogenkonsum – zwingt noch nicht zu einer Belehrung gemäß § 46 Abs. 1 OWiG, § 136 StPO.[127]

Eine **Belehrungspflicht** gemäß § 163a Abs. 4 i. V. m. § 136 Abs. 1 StPO besteht dann, wenn gegen den Betroffenen ein Tatverdacht vorliegt, dass er als Beschuldigter zu vernehmen ist. Die Feststellung, ob ein solcher **Grad des Tatverdachts** besteht, unterliegt dem pflichtgemäßen **Ermessen** der Strafverfolgungsbehörden. Im Rahmen der gebotenen Abwägung kommt es darauf an, inwieweit der Tatverdacht auf **hinreichend gesicherten Erkenntnissen** hinsichtlich der Tat und des Täters oder lediglich auf kriminalistischer Erfahrung beruht.[128] Die Belehrungspflicht gilt auch bei **Verdacht** einer **(Verkehrs-)Ordnungswidrigkeit**, wobei nicht jeder Verstoß zu einem Beweisverwertungsverbot führt.[129] So kann sich ein Verstoß gegen die Belehrungspflicht wegen Überfahrens einer **roten Ampel** auch auf später festgestellte Umstände wie **Alkoholisierung** des **Beschuldigten** mit der Folge des Verdachts einer **Trunkenheitsfahrt** auswirken.[130] Jedoch führt bei einem Beschuldigten, der einer **Verkehrsstraftat** verdächtig ist, die unterbliebene **Belehrung** über die **Freiwilligkeit** des **Atemalkoholtests** nicht zu einer Unverwertbarkeit der Messung.[131]

125 *BGH*, NStZ 2009, 702 = NStZ 2010, 464.
126 *BGH*, NJW 2013, 2769.
127 *KG*, NZV 2010, 422.
128 *OLG Hamm*, NStZ-RR 2009, 283, 284.
129 Siehe z. B. *Soiné*, NZV 2016, 411.
130 *LG Saarbrücken*, NJW-Spezial 2013, 747 = Kriminalistik 2014, 311.
131 *Brandenburgisches OLG*, NStZ 2014, 524.

Exkurs:

Bei der **ersten Vernehmung** durch **Beamte des Polizeidienstes** ist dem Beschuldigten der Tatvorwurf zu eröffnen (§ 163a Abs. 4 S. 1 i. V. m. § 136 Abs. 1 StPO). Ferner ist er darüber zu belehren, dass es ihm freisteht, sich zur Sache zu äußern oder nicht auszusagen, und jederzeit, auch schon vor der Vernehmung, einen von ihm zu wählenden Verteidiger zu befragen (§ 163a Abs. 4 S. 2 i. V. m. § 136 Abs. 1 S. 2 StPO). Möchte der Beschuldigte vor seiner Vernehmung einen Verteidiger befragen, sind ihm Informationen zur Verfügung zu stellen, die es ihm erleichtern, einen Verteidiger zu kontaktieren (§ 163a Abs. 4 S. 2 i. V. m. § 136 Abs. 1 S. 3 StPO). Auf bestehende anwaltliche Notdienste ist dabei hinzuweisen (§ 163a Abs. 4 S. 2 i. V. m. § 136 Abs. 1 S. 4 StPO). Er ist ferner darüber zu belehren, dass er zu seiner Entlastung einzelne Beweiserhebungen beantragen und unter den Voraussetzungen des § 140 StPO die Bestellung eines Verteidigers nach Maßgabe des § 141 Abs. 1 und § 142 Abs. 1 StPO beanspruchen kann; zu Letzterem ist er dabei auf die Kostenfolge des § 465 StPO hinzuweisen (§ 163a Abs. 4 S. 2 i. V. m. § 136 Abs. 1 S. 5 StPO). In geeigneten Fällen soll der Beschuldigte auch darauf hingewiesen werden, dass er sich schriftlich äußern kann, sowie auf die Möglichkeit eines Täter-Opfer-Ausgleichs (§ 163a Abs. 4 S. 2 i. V. m. § 136 Abs. 1 S. 6 StPO). Des Weiteren soll dem Beschuldigten bei der Vernehmung Gelegenheit gegeben werden, die gegen ihn vorliegenden Verdachtsgründe zu beseitigen und die zu seinen Gunsten sprechenden Tatsachen geltend zu machen (§ 163a Abs. 4 S. 2 i. V. m. § 136 Abs. 2 StPO), wobei auf die Ermittlung seiner persönlichen Verhältnisse Bedacht zu nehmen ist (§ 163a Abs. 4 S. 2 i. V. m. § 136 Abs. 3 StPO).

Schließlich kann die Vernehmung des Beschuldigten in Bild und Ton aufgezeichnet werden (§ 163a Abs. 4 S. 2 i. V. m. § 136 Abs. 4 S. 1 StPO). Eine audiovisuelle Dokumentation der Vernehmung ist in zwei Fallgruppen zwingend vorgeschrieben: 1. dem Verfahren liegt ein vorsätzlich begangenes Tötungsdelikt zugrunde (§§ 211, 212 StGB) und der Aufzeichnung stehen weder die äußeren Umstände noch die besondere Dringlichkeit der Vernehmung entgegen und 2. die schutzwürdigen Interessen von Beschuldigten, die erkennbar unter eingeschränkten geistigen Fähigkeiten oder einer schwerwiegenden seelischen Störung (§§ 20, 21 StGB) leiden, können durch die Aufzeichnung besser gewahrt werden (§ 163a Abs. 4 S. 2 i. V. m. § 136 Abs. 4 S. 2 StPO). Die Verwendungsbeschränkungen des § 58a Abs. 2 StPO (Videovernehmung eines Zeugen) gelten entsprechend (§ 163a Abs. 4 S. 2 i. V. m. § 136 Abs. 4 S. 3 StPO). Ein Verstoß gegen § 136 Abs. 1 S. 2 i. V. m. § 163a Abs. 4 StPO hat nicht zwingend ein Beweisverwertungsverbot zur Folge.

Beispiele:

Der Beschuldigte hatte seiner Ehefrau aufgelauert, ihr den Schädel zertrümmert und sie anschließend zum Sterben unter ein Auto gelegt. Bei seiner polizeilichen Vernehmung kurz nach der Tat ließen die vernehmenden Beamten offen, ob sie gegen ihn wegen eines Tötungsdeliktes ermittelten. Sie eröffneten ihm nur, er werde jetzt vernommen, weil er „seiner Frau etwas Schlimmes angetan habe.“[132]

Macht der Beschuldigte bei seiner polizeilichen Vernehmung in freier Entscheidung ohne Beistand eines Verteidigers Angaben zu Sache, dürfen diese auch dann verwertet werden, wenn er zunächst die Zuziehung eines Verteidigers gewünscht hat, die Kontaktaufnahme jedoch fehlgeschlagen ist.[133]

Der unterbliebene Hinweis auf die Möglichkeit einer Pflichtverteidigerbestellung bei einer polizeilichen Vernehmung begründet kein absolutes Verwertungsverbot.[134]

Bei einer **qualifizierten Belehrung** ist der Beschuldigte darüber zu belehren, dass im Falle einer zuvor unterlassenen Belehrung gemäß § 163a Abs. 4 S. 2 i. V. m. § 136 Abs. 1 S. 2 StPO seine daraufhin gemachten Angaben unverwertbar sind, wenn er als Angeklagter der Verwertung in der Hauptverhandlung widerspricht.[135]

Wird der Beschuldigte in der folgenden Beschuldigtenvernehmung nach der Regelung des § 136 Abs. 1 S. 2 StPO, nicht aber „qualifiziert“ – d. h. über die Unverwertbarkeit seiner bisher gemachten Aussagen – belehrt, so folgt daraus nicht ohne Weiteres ein Beweisverwertungsverbot hinsichtlich der nachfolgend gemachten Aussage. In solchen Fällen ist die Verwertbarkeit durch Abwägung im Einzelfall zu ermitteln.[136]

132 *BGH*, NStZ 2012, 581.

133 *BGH*, NStZ 2013, 299 = Kriminalistik 2013, 615.

134 *BGH*, NStZ-RR 2018, 219 = Kriminalistik 2018, 460.

135 *BGHSt* 53, 112; *OLG Hamm*, NStZ-RR 2009, 283; *OLG München*, StraFo 2009, 206.

136 *OLG Hamm*, NStZ-RR 2009, 283.

2. Die Vorermittlungen

Bei den Vorermittlungen handelt es sich um einen der StPO unbekannten Begriff. Zur Klärung, ob aufgrund vorliegender tatsächlicher Anhaltspunkte die Einleitung eines Ermittlungsverfahrens zu veranlassen ist, werden Vorermittlungen für zulässig gehalten und in der Praxis häufig durchgeführt. Da noch kein Ermittlungsverfahren vorliegt, wird der Vorgang in das **allgemeine Register** (**AR**) eingetragen. Ergibt sich in der Folge ein Anfangsverdacht, wird die Sache gegen einen **Tatverdächtigen** (**Js-Sache**) oder gegen **Unbekannt** (**UJs-Sache**) umgetragen. Der im Vorermittlungsstadium Betroffene hat nicht die Stellung eines Beschuldigten, Zwangsmaßnahmen dürfen nicht vorgenommen werden. Ob hierbei Eingriffe in das Recht auf informationelle Selbstbestimmung oder das ebenfalls aus Art. 2 Abs. 1 i. V. m. Art. 1 Abs. 1 GG entwickelte Grundrecht auf Gewährleistung der Vertraulichkeit und Integrität informationstechnischer Systeme[137] zulässig sind, kann nur einzelfallbezogen beantwortet werden. Während das Auswerten von polizeilichen Akten und Dateien in diesem Stadium als Maßnahme der Strafverfolgungsvorsorge rechtmäßig sein kann, soll die StA in dieser Phase keine gerichtliche Vernehmung des Tatverdächtigen gemäß § 162 StPO beantragen dürfen. Auch setzt eine kurzfristige polizeiliche Observation des Betroffenen entweder bereits einen strafprozessualen Anfangsverdacht voraus oder die Maßnahme ist (noch) der polizeirechtlichen Gefahrenabwehr zuzuordnen.

3. Die Initiativ- oder Vorfeldermittlungen

Initiativermittlungen oder Vorfeldermittlungen sind polizeirechtliche Maßnahmen mit dem Ziel der vorbeugenden Verbrechensbekämpfung.

Der Hauptzweck der mit dem Begriff **Vorbeugende Verbrechensbekämpfung** umschriebenen Datenverarbeitung ist die **Vorsorge für die künftige Strafverfolgung**. Im Kern geht es um die vorsorgende Bereitstellung von Hilfsmitteln für die sachgerechte Wahrnehmung von

137 *BVerfGE* 120, 274 = Kriminalistik 2008, 260.

Aufgaben, die der Schutz- und Kriminalpolizei hinsichtlich der Erforschung von Straftaten nach § 163 StPO zugewiesen sind.[138] Vorbeugende Verbrechensbekämpfung ist in diesem Verständnis das Erheben und Speichern von Informationen und personenbezogenen Daten mit dem Ziel, die Durchführung etwaiger strafrechtlicher Ermittlungsverfahren zu erleichtern oder überhaupt erst zu ermöglichen. Die Verwertung der erhobenen Daten für diesen Zweck kommt erst in Betracht, wenn tatsächlich eine Straftat begangen wurde und daraus strafprozessuale Konsequenzen gezogen werden.[139]

Bei **Steuerstrafsachen** ist die Steuerfahndung gemäß § 208 Abs. 1 Nr. 3 AO zu Vorfeldermittlungen berechtigt.

Initiativermittlungen setzen dort an, wo weder eine konkrete Straftat, noch eine konkrete Gefahr vorliegt. Geleitet von **Vermutungen** oder **Hinweisen** wird durch geeignete Maßnahmen versucht, einen Anfangsverdacht gemäß § 152 Abs. 2 StPO zu begründen. Diese **verfahrensunabhängigen Initiativermittlungen** erfolgen insbesondere bei der **Rauschgiftkriminalität**, der **Organisierten Kriminalität** und der **Staatsschutzkriminalität**, zumal es in diesen Bereichen wenig Anzeigen und kaum polizeiliche Zufallserkenntnisse gibt. Die gezielte Suche nach dem Anfangsverdacht unterfällt noch nicht der StPO, d. h. es gilt weder das Legalitätsprinzip noch der Untersuchungsgrundsatz. Bei Initiativermittlungen gemäß Nr. 6 Anl. E der RiStBV ist zu berücksichtigen, dass diese Bestimmung als bloße Verwaltungsvorschrift keine Grundrechtseingriffe zu legitimieren vermag.[140] **Verfahrensabhängige Initiativermittlungen** erfolgen im Rahmen eines konkreten Strafverfahrens, bei dem über die Aufklärung der jeweiligen Straftat nach dem Untersuchungsgrundsatz hinaus versucht wird, Anhaltspunkte für einen Anfangsverdacht wegen einer anderen Tat – entweder gegen den bereits Beschuldigten oder gegen einen Dritten – zu ermitteln.

138 *BVerwGE* 66, 192, 196; 66, 202, 204; *BVerwG*, DÖV 1990, 117; *BVerwG*, NJW 2006, 1225 = Kriminalistik 2008, 443.

139 *BVerfGE* 113, 348, 370 = Kriminalistik 2005, 653.

140 *Soiné*, Kriminalistik 1997, 252, 254.

VII. Die Strafverfolgungsorgane

1. Die Staatsanwaltschaft

Das vorbereitende Verfahren obliegt der StA. Sie ist ein den **Gerichten gleichgeordnetes**, aber **selbstständiges Organ der Strafrechtspflege**.[141] Sie trägt die Verantwortung für die Rechtmäßigkeit und Ordnungsmäßigkeit, aber auch für die Gründlichkeit des Ermittlungsverfahrens sowie dessen schnelle Durchführung. Maßnahmen der StA zur Eröffnung, Durchführung und Gestaltung eines Ermittlungsverfahrens stellen ausschließlich **Prozesshandlungen** und **keine Justizverwaltungsakte** dar.[142] Die StA gehört zur **Exekutive**.[143]

Zur **Straftatenverhütung** ist die StA, soweit das Gesetz nichts anderes bestimmt, **nicht unmittelbar verpflichtet**. In diese Richtung wirkt sie nur insoweit, als mit der Verfolgung von Straftaten auch die Verhütung weiterer Straftaten bezweckt wird.

Der StA ist **Beamter**, für den vorbehaltlich abweichender gesetzlicher Regelungen die beamtenrechtlichen Vorschriften gelten (§ 122 DRiG). Er verfolgt Straftaten und leitet eigenverantwortlich die Ermittlungen der sonst mit der Strafverfolgung befassten Stellen (Nr. 1 RiStBV). Ihm obliegt die Anklageerhebung, deren Vertretung vor Gericht, die Mitwirkung im Strafverfahren und die Strafvollstreckung (§ 451 StPO). Der StA ist **weisungsgebunden** und übt schon deshalb keine rechtsprechende Gewalt aus, auch soweit er judizielle Entscheidungen als Rechtspflegeorgan der Justiz trifft. Zu diesen Entscheidungen zählen insbesondere die Einstellungsverfügungen, mit denen der StA mehr als die Hälfte der Strafverfahren durch eigene Sachentscheidung beendet.[144]

Die StPO verpflichtet den StA zur **strengen Objektivität**. Gemäß § 160 Abs. 2 StPO hat er nicht nur die zur Belastung, sondern auch die

---

141 *BGHSt* 24, 170, 171.

142 *OLG Hamm*, (1. Strafsenat), Beschl. v. 11.3.2014 – 1 VAs 13/14, BeckRS 2014, 08613.

143 *BVerfGE* 103, 142 = Kriminalistik 2001, 244 = Kriminalistik 2001, 488.

144 Meyer-Goßner/Schmitt-*Schmitt*, Vor § 141 GVG Rz 5.

zur Entlastung dienenden Umstände zu ermitteln.[145] Nach § 160 Abs. 3 StPO sollen sich seine Ermittlungen auch auf die Umstände erstrecken, die für die Bestimmung der Rechtsfolgen der Tat, also insbesondere der Strafzumessung, von Bedeutung sind.

Im Rahmen seiner Berufsausübung kann sich ein StA auch strafbar machen. In Betracht kommt etwa die Strafbarkeit wegen **falscher uneidlicher Aussage** (§ 153 StGB), wenn er z. B. als Zeuge in der Hauptverhandlung **falsche Angaben** zu seiner **Beteiligung an polizeilichen Ermittlungshandlungen** macht.

Beispiel:
Die Angeklagte war Oberstaatsanwältin und Leiterin einer Abteilung für die Bekämpfung der Organisierten Kriminalität und von BtM-Straftaten. Nach den Feststellungen des Landgerichts hatte sie Ermittlungen gegen eine Tätergruppe geführt und gegen zwei der Täter wegen Straftaten gegen das BtMG beim zuständigen Landgericht Klage erhoben. Ein Tatvorwurf stützte sich auf Angaben eines Belastungszeugen, der einige Wochen zuvor durch Polizeibeamte vernommen worden war. In der Hauptverhandlung machte die Angeklagte Falschangaben in Bezug auf ihre Beteiligung an der Vernehmung des Belastungszeugen. Tatsächlich war sie an der eigentlichen Vernehmung nicht anwesend, hatte aber an einem der Vernehmung zeitlich unmittelbar vorgelagerten informellen Gespräch mit dem Belastungszeugen, dessen Verteidiger und mehreren Polizeibeamten teilgenommen. Dabei war ihr bewusst, dass diese Tatsache für die Wahrheitsfindung des Gerichts von Bedeutung sein konnte. Das Landgericht verurteilte die Angeklagte wegen falscher uneidlicher Aussage (§ 153 StGB) zu einer Geldstrafe von 120 Tagessätzen. Die Revision der Angeklagten gegen das Urteil des Landgerichts hat der BGH verworfen.[146]

Bei **bewusstem Nichtbetreiben von anklagereifen Ermittlungsverfahren** kann sich der StA wegen **Rechtsbeugung** (§ 339 StGB) strafbar machen.[147] Denn die bewusste Nichterhebung der öffentlichen Klage in einem anklagereifen Verfahren mit der Folge des Eintritts der Ver-

145 Selbst durch bewusst einseitige und unfaire Ermittlungen der StA soll nicht ohne weiteres ein Verfahrenshindernis begründet werden; *OLG Karlsruhe*, StV 1986, 10.

146 *BGH*, NStZ 2021, 486 mit Anm. *Eisenberg* = Kriminalistik 2021, 393.

147 Das Verhalten kann zugleich auch den Tatbestand der Strafvereitelung im Amt gemäß § 258a StGB verwirklichen; vgl. *BGHSt* 62, 312 = NStZ 2018, 150, 152 Rz 27.

folgungsverjährung verstößt gegen ein eindeutiges Handlungsgebot und enthält eine schwerwiegende Verletzung von Verfahrensrecht. Wird hingegen der Verfahrensabschluss lediglich verzögert, ist ein elementarer Verfahrensverstoß nicht festzustellen. Eine Art. 6 EMRK zuwiderlaufende Sachbehandlung erfüllt für sich gesehen die strengen Anforderungen des § 339 StGB nicht.[148] Im Falle einer Verurteilung wegen Rechtsbeugung tritt gemäß § 24 Abs. 1 S. 1 Nr. 1 BeamtStG kraft Gesetzes die Beendigung des Beamtenverhältnisses ein.

Die **Entfernung eines StA aus dem Dienst** kommt auch in Betracht bei in schwerer Weise mehrfacher und kontinuierlicher Verletzung beamtenrechtlicher Kernpflichten, insbesondere den Pflichten zur Verfassungstreue sowie zur Neutralität und Mäßigung.

Beispiel:
Der Betroffene hatte im Zusammenhang mit seinem Wahlkampf um ein Mandat als Bundestagsabgeordneter durch in ihrem Schwerpunkt migrantenfeindliche („Migrassoren", „Invasion"), islamophobe sowie die deutsche Justiz delegitimierende („Gesinnungsjustiz") Text- und Bildbeiträge, für die er bewusst verstärkend die Autorität seines Amtes mit in Anspruch nahm, die Grenzen der grundgesetzlich und durch die EMRK garantierten Meinungsfreiheit weit überschritten. Dadurch hat er das Vertrauen des Landes als Dienstherrn und das Vertrauen der Allgemeinheit in seine pflichtgemäße Amtsführung vollständig und endgültig zerstört.[149]

2. Die Polizei

Die Polizei ist **Ermittlungsorgan der StA**, unabhängig davon, ob sie von sich aus (§ 163 Abs. 1 S. 1 StPO) oder auf Ersuchen der StA tätig wird (§ 161 Abs. 1 StPO). Die polizeilichen Ermittlungen bilden also rechtlich **keinen selbstständigen Verfahrensabschnitt**, sondern sind nur dem staatsanwaltschaftlichen vorbereitenden Verfahren vorgeschaltet und zugehöriger Teil des Ermittlungsverfahrens.[150] Der gele-

148 *BGHSt* 62, 312 = NStZ 2018, 150, 152 Rz 27.
149 *Dienstgerichtshof beim OLG Stuttgart*, Urt. v. 18.3.2021 (DGH 2/19), BeckRS 2021, 16798.
150 *BGH*, NJW 2003, 3142.

gentlich gebrauchte Begriff **Polizeiliches Ermittlungsverfahren** ist unzutreffend und irreführend!

Diensthandlungen der Polizei sind unter Zugrundelegung des strafrechtlichen Rechtmäßigkeitsbegriffes[151] dann **rechtmäßig**, wenn die **sachliche** und **örtliche Zuständigkeit** sowie die vorgeschriebenen wesentlichen **Förmlichkeiten** eingehalten wurden.

Beispiele:

Die Polizei ist zur Überwachung von VP-Einsätzen verpflichtet, wobei sie sich rechtlich relevantes Fehlverhalten der VP nur dann nicht zuschreiben lassen muss, wenn sie damit nicht rechnen konnte.[152]

Der polizeiliche Führungsbeamte, der irrtümlich der Überzeugung ist, dass die VP, gegen die eine strafrechtliche Untersuchung zu führen wäre, keine Straftat begangen hat, macht sich, wenn er die weitere Verfolgung unterlässt, nicht wegen Strafvereitelung strafbar. Denn er befindet sich in einem Tatbestandsirrtum (§ 16 Abs. 1 S. 1 StGB) bezüglich des Merkmals „dem Strafgesetz gemäß wegen einer rechtswidrigen Tat bestraft … wird“. Dabei macht es keinen Unterschied, ob der Beamte die VP aus tatsächlichen Gründen für straflos hält oder ob er der Überzeugung ist, dass deren Handlungsweise aus Rechtsgründen keinen Straftatbestand erfüllt.[153]

Zudem sind die handelnden **Organwalter** zur **situationsangemessenen Beurteilung** erkennbarer **Eingriffsvoraussetzungen** verpflichtet sowie im Falle eines durch die Eingriffsnorm eröffneten Ermessens zu einem **adäquaten Ermessensgebrauch**.[154]

Befindet sich der Hoheitsträger allerdings in einem **schuldhaften Irrtum** über die **Erforderlichkeit der Amtsausübung**, handelt er **willkürlich** oder **unter Missbrauch seines Amtes**, so ist sein Handeln **rechtswidrig**.[155]

---

151 Der Begriff ist nicht nur für § 113 Abs. 3 StGB, sondern auch im Rahmen des § 32 StGB bei Abwehr von Akten der öffentlichen Gewalt von Bedeutung.

152 *BGHSt* 45, 321 = Kriminalistik 2000, 269.

153 *BGH*, NStZ-RR 2021, 175, 176 f. m. w. N.

154 *BVerfG*, Beschl. v. 30.4.2007 – 1 BvR 1090/96 –, juris; *BGHSt* 21, 334, 363; *KG*, NStZ 2006, 414; *OLG Hamm*, NStZ-RR 2009, 271.

155 *BGHSt* 21, 334, 363 = NJW 1968, 710; *BGHSt* 60, 253 = Kriminalistik 2015, 726 f.

Bei strafprozessualen Ermittlungen erfordert der Beruf des Polizeibeamten einen angemessenen, von **Respekt** getragenen Umgang mit den Bürgern.[156] Polizeibeamte können sich dabei einer **Sprache** bedienen, die dem jeweiligen **Adressaten** gerecht und von ihm auch verstanden wird; die Sprachwahl darf aber keine Persönlichkeitsrechte beeinträchtigen und es dürfen keine Formulierungen verwendet werden, die Zweifel an der Integrität oder dem Ansehen des (Polizei-) Beamtentums aufkommen lassen.

Das (vom Betroffenen nicht ausdrücklich erwünschte oder gebilligte) „**Duzen**" widerspricht grundsätzlich dem von Polizeibeamten zu fordernden angemessenen, von Respekt getragenen Umgang mit Bürgern; das gilt auch für den Umgang mit **Beschuldigten**. Polizeibeamte, welche auf diese Weise die gebotene Distanz vermissen lassen, verstoßen regelmäßig gegen die ihnen gemäß § 34 Abs. 2 S. 3 BeamtStG obliegenden Dienstpflichten.[157]

2.1 Die Beamten des Polizeidienstes

Mit den Beamten des Polizeidienstes sind **alle Polizeibeamten** gemeint. Sie sind gemäß § 163 Abs. 1 StPO als „verlängerter Arm der StA" auch ohne deren Ersuchen oder Auftrag zum **selbstständigen Einschreiten**, dem sog. **ersten Zugriff**, verpflichtet, wenn sie vom **Anfangsverdacht** (§ 152 Abs. 2 StPO) einer Straftat Kenntnis erhalten.[158]

Exkurs:

Die **Einstellung in den Polizeivollzugsdienst** erfolgt gemäß Art. 33 Abs. 2 GG nach Eignung, Befähigung und fachlicher Leistung.[159] Bewerber um die Aufnahme in den Vorbereitungsdienst für den Polizeivollzugsdienst haben wahrheitsgemäß anzugeben, ob gegen sie polizeiliche Ermittlungen und

156 *OVG des Landes Sachsen-Anhalt*, Beschl. v. 30.4.2013 – 10 L 2/13 Rz 4 –, juris.

157 A.a.O., Rz 7 –, juris.

158 *BVerwGE* 47, 255, 263.

159 *BVerfGK* 20, 77.

Ordnungswidrigkeitenverfahren geführt wurden; ein „Recht zum Schweigen und zur Lüge“ steht ihnen nicht zu.[160]

Art. 33 Abs. 2 GG steht als grundrechtsgleiches Recht willkürlichen Entscheidungen der zuständigen staatlichen Stellen bei der Einstellung von Bewerbern für den öffentlichen Dienst entgegen. Die Ablehnung eines Bewerbers um Einstellung in den Polizeivollzugsdienst darf nicht gegen das Grundrecht aus Art. 2 Abs. 1 GG verstoßen. **Tätowierungen** an den **Armen**[161] oder **großflächigen Tätowierungen** an beiden **Beinen**[162] sind per se kein Ablehnungsgrund. Tätowierungen sind in der gesellschaftlichen Wahrnehmung mittlerweile nicht mehr Zeichen einer bestimmten sozialen Herkunft, eines besonderen Berufes oder einer problematischen persönlichen Vergangenheit, sondern können inzwischen als weitgehend sozialadäquat bezeichnet werden.[163] Gleichwohl kann der Gesetzgeber Regelungen zu den Anforderungen an das **äußere Erscheinungsbild** des Beamten treffen (§ 61 Abs. 2 S. 3, 5 BBG, § 34 Abs. 2 S. 3, 5 BeamtStG).

Tätowierungen mit **verfassungsfeindlichem Inhalt** führen bei Polizeibeamten zu einer **Entfernung aus dem Beamtenverhältnis**; ein Verstoß gegen die Verfassungstreuepflicht setzt weder ein öffentlich sichtbares noch ein strafbares Verhalten des Beamten voraus.[164]

Der Einsatz (sichtbar) tätowierter Polizisten kann aus taktischen Gründen sehr sinnvoll sein, beispielsweise

- zum Zwecke der Deeskalation (Motoradgangs) oder
- zur Vertrauensbildung (Verdeckte Ermittlungen).

Alle Polizeibeamten sind z. B. aufgrund der **Befugnis-** und **Ermittlungsgeneralklausel** des § 163 Abs. 1 S. 2 StPO zu „Ermittlungen jeder Art“ i. S. v. § 161 Abs. 1 S. 1 StPO befugt.

160 *VGH Kassel*, (1. Senat), Beschl. v. 23.8.2021 – 1 B 924/21, BeckRS 2021, 32224: Bewerbung um Aufnahme in den Vorbereitungsdienst für den Polizeivollzugsdienst der Bundespolizei.
161 *VG Aachen*, ZBR 2013, 139: Einstellung eines Polizeibewerbers in die Schutzpolizei.
162 *VG Weimar*, NVwZ-RR 2013, 273: Einstellung eines Polizeibewerbers in die Schutzpolizei.
163 *Muckel*, JA 2013, 238, 239.
164 *BVerwG*, NJW 2018, 1185.

Beispiele:

Zugriff auf öffentlich zugängliche Daten:

Nutzung von Videoaufnahmen bei Einbruchsversuch in Wohnung.[165]

Nutzung von Videoaufzeichnungen in Kaufhäusern.[166]

Erkundigungen in der Nachbarschaft zur Klärung, ob die Befragten sachdienliche Angaben machen können.

Kurzfristiges Überwachen des Beschuldigten oder anderer Personen (z. B. Hinterhergehen oder -fahren nach zufälligem Antreffen).

Einsatz von Scheinkäufern zur Aufklärung von BtM-Straftaten.[167]

Fertigung von Lichtbildern am Tatort zur Beweissicherung und der Einsatz von Markierungssystemen wie unsichtbare Farbe, nicht wahrnehmbarer Geruch oder präpariertes Geld (Fangstoff).[168]

Einsatz von Spurensuchhunden (Mantrailer) am Tatort.[169]

Anordnung einer erkennungsdienstlichen Behandlung des Beschuldigten gemäß § 81b StPO.

Maßnahmen zur Identitätsfeststellung nach § 163b Abs. 1 und 2 StPO.

Anordnung der vorläufigen Festnahme nach § 127 Abs. 2 StPO bei Gefahr im Verzug (Hier ist auch die Anwendung von Zwang zulässig, der vorher nicht angekündigt zu werden braucht.).[170]

2.2 Die Ermittlungspersonen der Staatsanwaltschaft

Die Ermittlungspersonen der StA i. S. v. § 152 GVG[171] haben mehr Anordnungsbefugnisse als die (sonstigen) Beamten des Polizeidienstes. Die Eigenschaft als Ermittlungsperson der StA und ihre Zustän-

165 *AG Köln*, ZD 2016, 383.

166 *OLG Hamburg*, NStZ 2017, 726.

167 *BGHSt* 42, 139; *BGH*, NStZ 1997, 448.

168 Hierzu aus kriminalistischer Sicht, vgl. *Stoll/Simmroß*, Kriminalistik 2013, 237.

169 Näher dazu, siehe z. B. *Zimmer*, Kriminalistik 2020, 706.

170 *BayObLGSt* 1960, 66, 67.

171 Näher dazu, siehe *Soiné*, 131. Akt., § 163 StPO Rz 73: Verordnung über die Übertragung der Ermächtigung zum Erlass der Rechtsverordnung über die Ermittlungspersonen der StA sowie die Verordnung über die Ermittlungspersonen der StA.

digkeit kann **kraft Gesetzes** begründet werden. Einschlägig sind bundesgesetzliche Vorschriften[172] und einige landesrechtliche Regelungen. Auf dem Gebiet der Bahnanlagen des Bundes obliegen polizeiliche Aufgaben der BPOL (§§ 3, 12 BPolG). Sind deren Beamte mindestens **vier Jahre im Polizeivollzugsdienst** tätig, sind sie Ermittlungspersonen der StA (§ 12 Abs. 5 BPolG). Gemäß § 152 Abs. 2 GVG können die **Landesregierungen** (oder nach dessen Abs. 3 die Landesjustizverwaltungen) durch **Rechtsverordnungen** die Beamten- und Beschäftigtengruppen bezeichnen, welche Ermittlungspersonen der StA sein sollen. Das ist in allen Bundesländern geschehen.

2.3 Ermittlungs- und Erforschungspflicht

Die Ermittlungs- und Erforschungspflicht der Polizei bezieht sich auf sämtliche **Behörden und Beamten des Polizeidienstes**.[173] Daneben sind den **Polizeibehörden des Bundes** sowie der **Zoll-** und der **Finanzverwaltung** bestimmte Fälle der Strafverfolgung gesetzlich zugewiesen. Im Rahmen dieser Zuständigkeiten haben die Beamten dieser Behörden als Ermittlungspersonen der StA,[174] soweit sie Ermittlungen durchführen, dieselben Rechte und Pflichten wie die Behörden und Beamten des Polizeidienstes nach den Vorschriften der StPO. Insoweit gilt für diese Behörden und ihre Beamten auch die sich aus § 163 Abs. 1 StPO ergebende Ermittlungspflicht bei einem Straftatverdacht.[175]

Es besteht der Grundsatz, dass die Zuständigkeit der Polizeibehörden auf die ihnen gesetzlich zugewiesenen Aufgaben beschränkt ist und dass etwa die Polizeibehörden der Länder nur zu Maßnahmen in ihrem jeweiligen Bundesland befugt sind.[176] Dieser Grundsatz erfährt in der Praxis jedoch Durchbrechungen:

---

172 § 4 Abs. 1 und 2 BKAG, § 37 Abs. 1 BKAG i. V. m. § 12 Abs. 5 BPolG; § 404 S. 2 AO; § 37 Abs. 3 S. 2 AWG; § 37 Abs. 3 S. 2 MOG; § 25 Abs. 2 BJagdG; § 148 Abs. 2 BBergG; § 63 Abs. 1 S. 2 OWiG.

173 Ein Verfahrenshindernis erwächst nicht daraus, dass die Polizei versucht, eine Verurteilung „um jeden Preis" herbeizuführen; *BGHSt* 33, 283.

174 Vgl. z. B. §§ 4 Abs. 1 und 2, 37 Abs. 1 BKAG i. V. m. § 12 Abs. 5 BPolG; § 404 S. 2 AO; § 37 Abs. 3 S. 2 AWG; § 37 Abs. 3 S. 2 MOG.

175 *Soiné*, 131. Akt., § 163 StPO Rz 12 m. w. N.

176 A. a. O. Rz 17 m. w. N.

- **Im Dienst** befindliche **Beamte des Polizeidienstes** (z. B. auch des BKA und der BPOL sowie Beamte des Zollgrenzdienstes und des Zollfahndungsdienstes – unabhängig von der Eigenschaft einer Ermittlungsperson der StA) müssen bei fehlender **örtlicher** oder **sachlicher Zuständigkeit** die ihnen bekannt gewordenen Erkenntnisse entweder einem zuständigen Beamten bzw. dessen Dienststelle mitteilen.[177]

Die Mitteilung des festgestellten strafbaren Sachverhalts sollte möglichst **schriftlich** erfolgen; eine telefonische **Vorabinformation** ist dann angezeigt, wenn **strafprozessuale Sofortmaßnahmen** (Ausschreibung einer Person oder einer Sache zur Fahndung usw.) oder **unaufschiebbare Maßnahmen** der **Gefahrenabwehr** getroffen werden müssen (z. B. Versorgung verletzter Personen). Der mitteilende Beamte sollte darüber hinaus eine **dienstliche Erklärung** abgeben, ferner kommt seine **Vernehmung** als Zeuge in Betracht.

- **Im Dienst** befindliche, **örtlich** und **sachlich unzuständige Polizeibeamte** haben das Recht zur **Nacheile** bei der Verfolgung und Festnahme eines flüchtigen Straftäters, auch unter Anwendung unmittelbaren Zwanges bis hin zum **Schusswaffengebrauch**[178] und der Nutzung von **Sonderrechten** gemäß § 35 Abs. 1 StVO. In diesem Fall dürfen die Beamten auch auf dem Gebiet eines anderen Bundeslandes tätig werden (§ 167 Abs. 1 GVG). Die verfolgenden Polizeibeamten müssen nach dem Wortlaut des § 167 GVG („die Polizeibeamten") nicht Ermittlungspersonen der StA (§ 152 GVG) sein.

2.4 Die Pflicht zur Befolgung staatsanwaltschaftlicher Anordnungen

Die StA kann in Ausübung der sich aus dem Legalitätsprinzip ergebenden **Kontroll-** und **Leitungsfunktion** der Polizei **allgemeine Weisungen** oder **konkrete Anordnungen** zu Art und Durchführung ein-

177 A. a. O. Rz 18 m. w. N.

178 Dabei gilt § 127 Abs. 1 StPO für **alle Polizeibeamten** mit der Maßgabe, dass die Grenzen der Festnahmemittel durch das Polizeirecht (der Länder) bestimmt werden; *BGHSt* 26, 99, 101; *OLG Karlsruhe*, Justiz 2011, 221.

zelner Ermittlungshandlungen erteilen.[179] Dabei unterstehen alle Polizeibeamten, und nicht nur die Ermittlungspersonen i. S. v. § 152 GVG,[180] der **Weisungsbefugnis** der StA ihres Bezirks. Sie sind verpflichtet, den **Anordnungen** der StA Folge zu leisten.[181]

Gemäß § 152 Abs. 1 GVG richtet der StA, solange nicht eine **bestimmte Ermittlungsperson** mit der Bearbeitung des konkreten Falles befasst ist, seinen Auftrag (Anordnung) grundsätzlich an die **zuständige Polizeidienststelle**. Der StA darf nach dieser Vorschrift auch die **persönliche Ausführung** von einer Ermittlungsperson seines Zuständigkeitsbezirks fordern. Ebenso darf der StA einer Landes-StA einen **Bundes(-polizei)beamten**, und zwar nicht nur hinsichtlich einer Prozesshandlung, die der Ermittlungsperson vorbehalten ist, einen konkreten Auftrag erteilen. Die gleiche Befugnis haben die der örtlichen StA vorgesetzten Beamten (§ 147 GVG). Der GBA, der in bestimmten Fällen im gesamten Bundesgebiet zuständig ist, kann daher allen Ermittlungspersonen verbindliche Anweisungen geben.[182]

2.5 Ermittlungen bei Gefahr im Verzug

Die StPO verleiht den Ermittlungspersonen der StA in **Eilfällen**, d. h. bei Gefahr im Verzug, besondere Kompetenzen. **Gefahr im Verzug** ist die Möglichkeit, dass beim Unterlassen sofortigen Handelns ein Schaden eintritt, weshalb in solchen Fällen vielfach eine normalerweise nicht bestehende Eilkompetenz zum Tätigwerden vorgesehen ist.

---

179 *BGH*, NStZ 2009, 648, 649 = NStZ 2010, 158, 159.

180 Näher dazu, siehe *Soiné*, 131. Akt., § 163 StPO Rz 73: Verordnung über die Übertragung der Ermächtigung zum Erlass der Rechtsverordnung über die Ermittlungspersonen der StA sowie die Verordnung über die Ermittlungspersonen der StA.

181 Eine Befolgungspflicht bestünde nur dann nicht, wenn eine Anordnung gegen ein gesetzliches Verbot oder die Menschenwürde verstoßen würde. Das ist nur eine theoretische Erwägung.

182 *Soiné*, 131. Akt., § 163 StPO Rz 10 m. w. N.

Beispiele:

Anordnung der körperlichen Untersuchung des Beschuldigten einschließlich der Blutprobenentnahme (§ 81a Abs. 2 StPO).

Untersuchung anderer Personen (§ 81c Abs. 5 StPO).

Beschlagnahme (§§ 94, 98 Abs. 1, 111c Abs. 1, 111j Abs. 1 S. 3, 132 Abs. 3 S. 1 und 2 StPO).

Verfahren bei der Durchsuchung (§ 105 Abs. 1 S. 1 StPO).

Errichtung von Kontrollstellen an öffentlich zugänglichen Stellen (§ 111 Abs. 2 StPO). Ausschreibung zur Festnahme, Fahndung und Veröffentlichung von Abbildungen des Beschuldigten oder Zeugen (§ 131 Abs. 1 StPO – § 131b StPO).

Anordnung und Bestätigung von Fahndungsmaßnahmen (§ 131c Abs. 1 StPO).

Sicherheitsleistung (§ 132 Abs. 2 StPO).

Speicherung und Abgleich von Daten aus Kontrollen (§ 163d Abs. 2 StPO).

Nach der Rechtsprechung liegt im Strafverfahren Gefahr im Verzug vor, wenn die vorherige Einholung der richterlichen Entscheidung den Erfolg der Maßnahme gefährden würde.[183]

Die Annahme einer Gefährdung des Untersuchungserfolges muss auf Tatsachen gestützt werden, die auf den **Einzelfall** bezogen sind und in den **Ermittlungsakten** dokumentiert werden, sofern die Dringlichkeit nicht evident ist. Das Bestehen einer solchen Gefährdung unterliegt der vollständigen, eine Bindung an die von der Exekutive getroffenen Feststellungen und Wertungen ausschließenden gerichtlichen Überprüfung.[184]

183 Z. B. *BVerfGE* 51, 97, 111; 103, 142, 154 = Kriminalistik 2001, 488; *BVerwGE* 28, 285, 291. – Instruktiv zum Rangverhältnis der StA zu ihren Ermittlungspersonen bei Gefahr im Verzug, siehe *Metz*, NStZ 2012, 242.

184 *BVerfG*, StraFo 2011, 145 = Kriminalistik 2011, 234 f.; *BVerfG*, NJW 2008, 3053, 3054; *BVerfG*, NJW 2007, 1345, 1346 = Kriminalistik 2007, 406 = Kriminalistik 2007, 434; *BVerfGE* 103, 142, 156 = Kriminalistik 2001, 244 = Kriminalistik 2001, 488; *BGHSt* 44, 243, 249 = Kriminalistik 1999, 417; 51, 285, 289 ff. = Kriminalistik 2008, 189; *OLG Hamburg*, NJW 2008, 2597, 2598 = Kriminalistik 2009, 552; *OLG Hamm*, NJW 2009, 242, 243; *OLG Jena*, BA 46 (2009), 214; *OLG Schleswig*, NStZ-RR 2010, 82, 83; *OLG Naumburg*, StRR 2011, 200; *OLG Bamberg*, NStZ-RR 2011, 378.

Beispiel:
Die Rechtsansicht des Ermittlungsrichters, nur auf der Grundlage einer Akte zu entscheiden, kann eine Eilfallkompetenz begründen.[185]

Die fehlerhafte Annahme von Gefahr im Verzug kann zur Rechtswidrigkeit der angeordneten Maßnahme und zu einem Beweisverwertungsverbot führen.

Beispiele:
Eine polizeiliche Wohnungsdurchsuchung um 23.45 Uhr in einer Großstadt ist dann rechtswidrig, wenn diese nicht zumindest von der StA angeordnet wurde.[186]

Die einer polizeilichen Wohnungsdurchsuchung zugrunde liegende Annahme von Gefahr im Verzug ist grob fehlerhaft, wenn vor Anordnung des Grundrechtseingriffs keinerlei Überlegungen der Erforderlichkeit des Erwirkens eines richterlichen Durchsuchungsbeschlusses angestellt wurden, obschon zwischen erstmaliger Erwägung der Maßnahme und ihrer Durchführung mehrere Stunden lagen. Ein derart schwerwiegender Verstoß gegen den Richtervorbehalt rechtfertigt die Annahme eines Beweisverwertungsverbotes selbst dann, wenn ein hypothetisch rechtmäßiger Ermittlungsverlauf mit Sicherheit zum Erlass einer richterlichen Untersuchungsanordnung und darauf gestützt zum Auffinden der Beweismittel geführt hätte.[187]

Die Annahme von Gefahr im Verzug für die Anordnung einer Blutentnahme ist nicht gerechtfertigt, wenn der 10-minütige Versuch, einen Ermittlungsrichter zu erreichen, erst mehrere Stunden nach der Festnahme erfolgt.[188]

185 *LG Limburg*, NStZ-RR 2009, 384 = NStZ-RR 2010, 80.
186 *AG München*, NJW-Spezial, 2008, 121.
187 *AG Bremen*, NStZ 2012, 287. So im Ergebnis auch *BGH*, NStZ 2012, 104, hinsichtlich einer durch die StA bei Gefahr im Verzug angeordnete Durchsuchung.
188 *LG Limburg*, NStZ 2018, 622.

2.6 Vorlagepflicht polizeilicher Ermittlungsvorgänge

Gemäß § 163 Abs. 2 S. 1 StPO haben die Behörden und Beamten des Polizeidienstes ihre Verhandlungen ohne Verzug der StA zu übersenden. Der Begriff **Verhandlungen** bezieht sich auf sämtliche **polizeilichen Ermittlungsvorgänge**, d. h. die vollständigen Akten einschließlich aller Spurenakten mit Bezug zu Tat und Täter, sachliche Beweismittel sowie Einziehungsgegenstände.[189]

Ohne Verzug bedeutet, dass die Verhandlungen sofort nach der unaufschiebbaren Beweissicherung, entsprechenden Untersuchungshandlungen und der schriftlichen Niederlegung der Beweissicherung an die StA zu übergeben bzw. zu übersenden sind.[190] In Staatsschutzsachen, für die nach § 120 Abs. 1 und 2 S. 1 StPO im ersten Rechtszug das Oberlandesgericht zuständig ist, erfolgt die Vorlage der Akten an den GBA.[191]

Die Vorlagepflicht nach § 163 Abs. 2 S. 1 StPO gilt für alle Ermittlungsvorgänge, auch bei Privatklage- und Bagatelldelikten, unabhängig, ob diese aufgrund einer Strafanzeige, eines Strafantrags oder von Amts wegen eingeleitet wurden. Dies gilt auch für den Fall, dass der Tatverdacht im Laufe der Ermittlungen entfällt, der Tatverdächtige nicht identifiziert werden kann oder es fraglich erscheint, ob das angezeigte Verhalten überhaupt strafbar ist.[192]

Die StPO sieht zwar keinen polizeilichen **Schlussbericht** oder **Schlussvermerk** vor, in dem die Ermittlungsergebnisse zusammengefasst werden. Ein solcher empfiehlt sich aber vor allem in umfangreichen und schwierig zu bearbeitenden Fällen aus Gründen der Selbstkontrolle des polizeilichen Sachbearbeiters, zur Erleichterung der Aufsicht des Dienstvorgesetzten sowie aus Ordnungsgründen.[193]

Eine **rechtliche Würdigung** und eine **Stellungnahme** zur **Schuldfrage** durch den polizeilichen Sachbearbeiter oder seinen Vorgesetzten haben in jedem Fall zu unterbleiben.[194]

---

189 *Soiné*, 131. Akt., § 163 StPO Rz 35 m. w. N.
190 A. a. O. Rz 38 m. w. N.
191 A. a. O. Rz 38 m. w. N.
192 A. a. O. Rz 39 m. w. N.
193 A. a. O. Rz 40 m. w. N.
194 A. a. O. Rz 41 m. w. N.

Gemäß § 163 Abs. 2 S. 2 StPO kann die Polizei die Ermittlungsvorgänge auch **unmittelbar** an das **Amtsgericht** übersenden, sofern die eilige Vornahme richterlicher Untersuchungshandlungen erforderlich ist. Einen Antrag zur Vornahme einer Untersuchungshandlung kann jedoch nur die StA stellen (§ 162 Abs. 1 StPO); dies dürfte in aller Regel bei unmittelbarer Vorlage der Akten durch die Polizei mündlich erfolgen.[195] Ist ein StA nicht zu erreichen, kann der Richter als sog. **Not-StA** die Anordnung auch ohne staatsanwaltschaftlichen Antrag vornehmen.[196]

In **einfacher gelagerten** oder **eilbedürftigen** Fällen entspricht es der geübten Praxis, dass die **Polizei** die Ermittlungen **eigenständig** zu Ende führt.[197] Damit die StA ihrer Leitungsfunktion auch in eilbedürftigen und rechtlich schwierigen Fällen nachkommen kann, ist die sachbearbeitende Polizeibehörde jedoch verpflichtet, die StA unverzüglich über **Verbrechen** und **Vergehen von erheblichem Gewicht** in Kenntnis zu setzen und hat gegebenenfalls konkrete Weisungen zur Fallbearbeitung entgegenzunehmen.[198]

195 A. a. O. Rz 42 m. w. N.

196 A. a. O. Rz 42 m. w. N.

197 A. a. O. Rz 43 m. w. N. – Siehe dazu z. B. „Vereinfachtes Ermittlungsverfahren (VEV) bei minderschweren Delikten" mit Anl. 1-3, Gem. RdErl. des MI und MJ LSA vom 27.4.1995, abgedruckt bei *Soiné*, 131. Akt., § 163 StPO Rz 74.

198 A. a. O. Rz 5, 43.

VIII. Strafverfolgungsbehörden

Für die Strafverfolgung in **Deutschland** sind in erster Linie Behörden mit kriminalpolizeilichen Aufgaben zuständig. Die **Kriminalpolizei** ist ein Dienstbereich der Vollzugspolizei, dessen Hauptaufgabe in der Verbrechensbekämpfung liegt. Organisation und Aufgabenzuweisung der Kriminalpolizei sind uneinheitlich, da die Polizeiangelegenheiten grundsätzlich in die Zuständigkeit der Bundesländer fallen (Art. 30 GG). Über die Zusammenarbeit von Bund und Ländern in kriminalpolizeilichen Angelegenheiten hat nach Art. 73 Nr. 10 GG der Bund die ausschließliche Gesetzgebungskompetenz. Gemäß Art. 87 Abs. 1 S. 2 GG können Bundesbehörden für die Kriminalpolizei eingerichtet werden.

Die kriminalpolizeiliche Tätigkeit erfordert besondere Fachkenntnisse, eine entsprechende Aus- und Fortbildung sowie spezielle Ressourcen. Zur Erfüllung ihrer Aufgaben in der Verbrechensbekämpfung gibt es in der Kriminalpolizei verschiedene Spezialeinrichtungen wie **Mobile Einsatzkommandos**, **Dienststellen** für den **Einsatz von VP und VE** sowie **kriminaltechnische Arbeitsbereiche**. Die Länder unterhalten für ihr Gebiet als zentrale Dienststellen der Kriminalpolizei LKÄ zur Sicherung der Zusammenarbeit des Bundes und der Länder (§ 1 Abs. 2 S. 1 BKAG). Als Polizeibehörden des Bundes nehmen das BKA und die BPOL (insbesondere die Bundespolizeiinspektionen Kriminalitätsbekämpfung) im Rahmen ihrer jeweiligen Zuständigkeit ebenfalls Aufgaben der Verbrechensbekämpfung wahr. Der Zollfahndungsdienst ist die Kriminalpolizei der Zollverwaltung.

Auf **europäischer Ebene** erfolgt die kriminalpolizeiliche Zusammenarbeit über Europol, das zum Bereich der polizeilich-justiziellen Zusammenarbeit in Strafsachen gehört, sowie über Interpol. Auf **internationaler Ebene** dient insbesondere Interpol der Kooperation nationaler Kriminalpolizeibehörden. In Deutschland ist das BKA gemäß § 3 Abs. 1 BKAG das für Interpol zuständige Nationale Zentralbüro und stellt die Verbindung zum Generalsekretariat, zu den Nationalen Zentralbüros der anderen Staaten und zu den deutschen Behörden her. Nach dieser Vorschrift ist das BKA auch die nationale Stelle für

Europol gemäß § 1 des Europol-Gesetzes. § 3 Abs. 2 BKAG bestimmt das BKA als die zentrale nationale Stelle für den Informationsaustausch nach Art. 39 Abs. 3 und Art. 46 Abs. 2 SDÜ sowie für den Betrieb des nationalen Teils des **SIS** und das **SIRENE-Büro** für den Austausch von Zusatzinformationen.

1. Die Landeskriminalämter

Die **LKÄ** sind die zentralen kriminalpolizeilichen Einrichtungen i. S. v. § 1 Abs. 2 S. 1 BKAG. Hiernach sind die Bundesländer für ihr Gebiet verpflichtet, zentrale Dienststellen der Kriminalpolizei zur Sicherung der Zusammenarbeit des Bundes und der Länder zu unterhalten. Je nach Landesrecht üben die LKÄ die **Fachaufsicht** über die **Kriminalpolizei** des Landes aus und unterstützen die jeweils zuständigen Polizeibehörden bei der Verbrechensbekämpfung. Die LKÄ haben alle für die polizeiliche Verhütung und Verfolgung von Straftaten bedeutsamen Nachrichten und Unterlagen zu sammeln, auszuwerten und die in Betracht kommenden Polizeidienststellen entsprechend zu unterrichten. Auf Ersuchen der zuständigen Justiz- und Polizeibehörden sind kriminaltechnische und erkennungsdienstliche Untersuchungen durchzuführen und Gutachten zu erstatten. Die LKÄ **koordinieren überörtliche polizeiliche Fahndungsmaßnahmen**. Sie sind auch für die **Zusammenarbeit** mit **ausländischen Polizei-** und **Justizbehörden** zuständig, soweit diese nicht in die Zuständigkeit des BKA fällt. Der Umfang eigener Ermittlungskompetenzen der LKÄ ist in den Ländern unterschiedlich geregelt. Teilweise werden die Befugnisse nur auf Anordnung des Innenministeriums oder auf Ersuchen einer StA bzw. eines Gerichts eingeräumt oder wenn eine zuständige Kriminalpolizeidienststelle um Mitwirkung nachsucht oder das LKA es wegen der Bedeutung der Tat für erforderlich hält. Nach den Polizeigesetzen einiger Bundesländer haben die LKÄ **originäre Ermittlungskompetenzen** für bestimmte Straftaten der **Schwerkriminalität**, die von überörtlicher Bedeutung sind. Die LKÄ sind auch **Zentralstellen der Länder** für den Einsatz der **elektronischen Datenverarbeitung**. Aufgrund ihrer Zuständigkeit für die **Computerkriminalität** haben die meisten Bundesländer **Cybercrime-Zentren** eingerichtet, die überwiegend in den LKÄ, teils auch bei den StA'en angesiedelt sind. Die bei den LKÄ bestehenden **Zentralen Ansprechstellen Cyber-**

crime (ZAC) dienen als Single Point of Contact für Behörden, Verbände und Unternehmen in allen Belangen der Cyberkriminalität.

Bei den LKÄ sind zumeist die **Spezialeinsatzkommandos** (SEK) organisatorisch angegliedert. Deren Aufgabe besteht vor allem in der Festnahme oder Ausschaltung besonders gefährlicher Straftäter. Die SEK-Einheiten verfügen z. B. über besondere Fahrzeuge, Observationstechnik und Waffen.

Den LKÄ sind überwiegend auch die **Mobilen Einsatzkommandos** (MEK) organisatorisch zugeordnet. MEK werden insbesondere zur Observation und Festnahme tatverdächtiger Personen eingesetzt.

2. Das Bundeskriminalamt

Das **BKA** ist die zentrale polizeiliche Einrichtung zur Kriminalitätsbekämpfung im Geschäftsbereich des Bundesministeriums des Innern, für Bau und Heimat. Aufgaben und Befugnisse des BKA (Art. 73 Nrn. 9a und 10 GG sowie Art. 87 Abs. 1 S. 2 GG) sind im Gesetz über das BKA und die Zusammenarbeit des Bundes und der Länder in kriminalpolizeilichen Angelegenheiten geregelt.[199]

Das BKA unterstützt als **Zentralstelle** für das polizeiliche **Auskunfts-** und **Nachrichtenwesen** und für die **Kriminalpolizei** die Polizeibehörden des Bundes und der Länder bei der Verhütung und Verfolgung von Straftaten mit länderübergreifender, internationaler oder erheblicher Bedeutung (§ 2 Abs. 1 BKAG) u. a. durch Sammlung und Auswertung aller hierfür erforderlichen Informationen (§ 2 Abs. 2 Nr. 1 BKAG). Zu Zwecken der **Verhütung** und **Verfolgung** von **Straftaten** sowie der **Gefahrenabwehr** unterhält das BKA zentrale erkennungsdienstliche Sammlungen (§ 2 Abs. 4 Nr. 1 BKAG) und zentrale Einrichtungen für die Fahndung nach Personen und Sachen (§ 2 Abs. 4 Nr. 2 BKAG). § 2 Abs. 5 Nr. 4 BKAG räumt dem BKA die Möglichkeit einer **Auftragsdatenverarbeitung für die Länder** ein (§ 29 BKAG). § 2 Abs. 6 BKAG listet die sog. **uneigentlichen Zentralstellenaufgaben** auf (Unterhaltung von Einrichtungen für alle Bereiche kriminaltechnischer Untersuchungen und für die kriminaltechnische

199 BKAG, abgedruckt u. a. bei *Soiné* als Anhang L.

Forschung, Koordinierung der polizeilichen Zusammenarbeit auf dem Gebiet der Kriminaltechnik, Erstellung kriminalpolizeilicher Analysen und Statistiken einschließlich der jährlich erscheinenden Polizeilichen Kriminalstatistik, Beobachtung der Kriminalitätsentwicklung zu den vorgenannten Zwecken, kriminalistisch-kriminologische Forschung, Aus- und Fortbildung der Polizei auf Spezialgebieten, Entwicklung von organisatorischen und technischen Vorkehrungen sowie Verfahren zur Umsetzung von Datenschutzgrundsätzen). § 2 Abs. 7 BKAG betrifft die Gutachterfunktion (kriminaltechnische und erkennungsdienstliche Gutachten i. S. v. § 256 StPO).

§ 3 BKAG bestimmt die **zentralen Einrichtungen** der **internationalen Zusammenarbeit**. Das BKA ist das **Nationale Zentralbüro** der **Bundesrepublik Deutschland** für die **IKPO** und nationale Stelle für Europol nach § 1 des Europol-Gesetzes. Die diesbezüglichen Befugnisse ergeben sich aus §§ 26, 27 BKAG.

Gemäß § 3 Abs. 2a BKAG ist das BKA **Vermögensabschöpfungsstelle** nach Artikel 1 des Beschlusses 2007/845/JI des Rates vom 6. Dezember 2007 über die Zusammenarbeit zwischen den Vermögensabschöpfungsstellen der Mitgliedstaaten auf dem Gebiet des Aufspürens und der Ermittlung von Erträgen aus Straftaten oder anderen Vermögensgegenständen im Zusammenhang mit Straftaten (ABl. L 332 vom 18.12.2007, S. 103). Das BKA nimmt im Rahmen der bestehenden Zuständigkeiten seine Aufgaben auch als benannte Behörde nach Artikel 3 Abs. 1 und 2 der Richtlinie (EU) 2019/1153 des Europäischen Parlaments und des Rates vom 20. Juni 2019 zur Festlegung von Vorschriften zur Erleichterung der Nutzung von Finanz- und sonstigen Informationen für die Verhütung, Aufdeckung, Untersuchung oder Verfolgung bestimmter Straftaten und zur Aufhebung des Beschlusses 2000/642/JI des Rates (ABl. L 186 vom 11.7.2019, S. 122) wahr.

Das vom BKA geführte **polizeiliche Informationssystem** (§§ 29, 30 BKAG) enthält elektronisch betriebene Dateien über den zentralen Nachweis von Kriminalakten, die Personenfahndung, die Sachfahndung, erkennungsdienstliche Unterlagen, Spurendokumentationen, richterlich angeordnete Freiheitsentziehungen sowie Dateien über verdächtige Personen. Die Fahndung innerhalb der Vertragsstaaten des **SDÜ** erfolgt über ein computergestütztes Erfassungs- und Abfragesystem, das **SIS**. Die **SIRENE** im BKA ist die nationale Zentralstelle im Zusammenhang mit einer Fahndung im SIS. Der Informationsaustausch bestimmt sich nach Art. 46 Abs. 2, 108 Abs. 1 SDÜ. Die Befugnisse des BKA für diesen Bereich der internationalen Zusammenarbeit ergeben sich aus § 26 BKAG. Das BKA ist auch die nationale Stelle i. S. v. Art. 4 des Europol-Übereinkommens.

Fahndungsausschreibungen können von fast allen Terminals der Polizei-, Grenzschutz- und Zollbehörden innerhalb von Sekunden abgefragt werden. Als bedeutende Säule der Personenerkennung wurde 1993 die Zehnfingerabdrucksammlung auf das **AFIS** umgestellt.

Unter den Voraussetzungen des § 4 BKAG nimmt das BKA **polizeiliche Aufgaben** auf dem Gebiet der **Strafverfolgung** wahr

- in Fällen des international organisierten ungesetzlichen Handels mit Waffen, Munition, Sprengstoffen, BtM, neuen psychoaktiven Stoffen oder Arzneimitteln und der international organisierten Herstellung oder Verbreitung von Falschgeld, die eine Sachaufklärung im Ausland erfordern, sowie damit im Zusammenhang begangener Straftaten einschließlich der international organisierten Geldwäsche (§ 4 Abs. 1 Nr. 1 BKAG),
- in Fällen von Straftaten, die sich gegen das Leben (§§ 211, 212 StGB) oder die Freiheit (§§ 234, 234a, 239, 239b StGB) des Bundespräsidenten, von Mitgliedern der Bundesregierung, des Deutschen Bundestages und des Bundesverfassungsgerichts oder der Gäste der Verfassungsorgane des Bundes aus anderen Staaten oder der Leitungen und Mitglieder der bei der Bundesrepublik Deutschland beglaubigten diplomatischen Vertretungen richten, wenn anzunehmen ist, dass der Täter aus politischen Motiven gehandelt hat und die Tat bundes- oder außenpolitische Belange berührt (§ 4 Abs. 1 Nr. 2 BKAG),
- in den Fällen international organisierter Straftaten
  a) nach § 129a, auch in Verbindung mit § 129b Abs. 1 StGB,
  b) nach den §§ 105 und 106 StGB zum Nachteil des Bundespräsidenten, eines Verfassungsorgans des Bundes oder des Mitgliedes eines Verfassungsorgans des Bundes und damit im Zusammenhang stehender Straftaten (§ 4 Abs. 1 Nr. 3 BKAG),
- in den Fällen der in § 129a Abs. 1 Nr. 1 und 2 StGB genannten Straftaten und damit im Zusammenhang stehender Straftaten, soweit es sich um eine Auslandstat handelt und ein Gerichtsstand noch nicht feststeht (§ 4 Abs. 1 Nr. 4 BKAG),

- in den Fällen von Straftaten nach den §§ 202a, 202b, 202c, 263a, 303a und 303b StGB, soweit tatsächliche Anhaltspunkte dafür vorliegen, dass die Tat sich richtet gegen
  a) die innere oder äußere Sicherheit der Bundesrepublik Deutschland oder
  b) Behörden oder Einrichtungen des Bundes oder sicherheitsempfindliche Stellen von lebenswichtigen Einrichtungen, bei deren Ausfall oder Zerstörung eine erhebliche Bedrohung für die Gesundheit oder das Leben von Menschen zu befürchten ist oder die für das Funktionieren des Gemeinwesens unverzichtbar sind (§ 4 Abs. 1 Nr. 5 BKAG) und
- in den Fällen von
  a) Straftaten nach den §§ 81, 83 Abs. 1, §§ 87, 88 und 94 bis 100a StGB und nach § 13 VStGB sowie
  b) Straftaten nach den §§ 211, 212, 234, 234a, 239, 239a, 239b StGB, wenn anzunehmen ist, dass die Tat durch Angehörige des Geheimdienstes einer fremden Macht oder im Auftrag einer fremden Macht oder den Geheimdienst einer fremden Macht begangen worden ist (§ 4 Abs. 1 Nr. 6 BKAG).

Bei der Strafverfolgung ist das BKA auch für den **Zeugenschutz** zuständig. Die entsprechenden Bestimmungen in §§ 7, 66 BKAG sind gegenüber den Vorschriften des ZSHG[200] subsidiär.[201]

Darüber hinaus kann das BKA die Aufgabe der Abwehr von Gefahren des internationalen Terrorismus in Fällen wahrnehmen, in denen eine länderübergreifende Gefahr vorliegt, die Zuständigkeit einer Landespolizeibehörde nicht erkennbar ist oder die oberste Landesbehörde um eine Übernahme ersucht (§ 5 Abs. 1 BKAG). Die Ermittlungsherrschaft liegt bei der StA (§ 4 Abs. 3 BKAG). Das BKA ist nach § 6 BKAG Gefahrenabwehrbehörde für den Schutz von Mitgliedern der Verfassungsorgane (§§ 63–65 BKAG).

Die **Befugnisse des BKA** sind in den §§ 9 ff. BKAG aufgabenbezogen geregelt. So sieht beispielsweise § 9 Abs. 1 S. 1 BKAG die Befugnis zur Datenerhebung bei öffentlichen oder nichtöffentlichen Stellen (z. B. Finanz- und Steuerbehörden, Kfz-Zulassungsstellen, Auslän-

200 ZSHG, abgedruckt u. a. bei *Soiné* als Anhang T.
201 Ausführlich zu diesem Gesetz, vgl. *Soiné/Engelke*, NJW 2002, 470.

derzentralregister, Fluggesellschaften, Mietwagenunternehmen) zum Zweck der Ergänzung bekannt gewordener Sachverhalte vor, ohne dass zeitaufwendige Abfragen bei anderen Bundes- oder Landespolizeibehörden vorausgehen müssen. Zur **Abwehr von Gefahren** des **internationalen Terrorismus** kann das BKA bei Vorliegen bestimmter Voraussetzungen technische Mittel in oder aus Wohnungen einsetzen (§ 46 BKAG). Zulässig ist auch der verdeckte Eingriff in informationstechnische Systeme, die Online-Durchsuchung (§ 49 BKAG),[202] die Überwachung der Telekommunikation (§ 51 BKAG), die Erhebung von Telekommunikationsverkehrsdaten und Nutzungsdaten (§ 52 BKAG) sowie die Identifizierung und Lokalisierung von Mobilfunkkarten und -endgeräten (§ 53 BKAG). Zur **Aufklärung** oder **Bekämpfung** des **internationalen Terrorismus** mit Bezug zu Deutschland wird beim BKA eine standardisierte zentrale **Antiterrordatei** (§ 1 ATDG; § 17 BKAG) geführt.

Das BKA unterstützt die Polizeibehörden des Bundes und der Länder bei der **Verhütung** und **Verfolgung** der **Geldwäsche** und der **Terrorismusfinanzierung**.

Das BKA verfügt über ein eigenes **MEK** (taktische und operativtechnische Gruppen) sowie über eine **Tatortgruppe**, bestehend aus Entschärfern für unkonventionelle Spreng- und Brandvorrichtungen (USBV), Experten für Spreng- und Branddelikte sowie Spezialisten für allgemeine Tatortarbeit. Des Weiteren ist beim BKA die **IDKO** eingerichtet, die aus Beschäftigten aller Abteilungen des BKA, externen Rechts- und Zahnmedizinern sowie Psychologen besteht. **IDKO-Einsätze** erfolgen bei größeren Schadenslagen (z. B. Flugzeugabstürze, Anschläge) zur Identifizierung von Opfern.

Ferner trägt die **Forschungsstelle Terrorismus** (FTE), eine kriminalistisch-kriminologische Organisationseinheit des BKA, differenziertes Wissen zum Phänomenbereich Extremismus/Terrorismus zusammen.

202 Hierzu, vgl. z. B. *Soiné*, NVwZ 2012, 1585.

3. Die Bundespolizei

Die **BPOL** ist die gemäß Art. 87 Abs. 1 S. 2 GG in bundeseigener Verwaltung mit eigenem Verwaltungsunterbau geführte Polizei des Bundes mit **sonderpolizeilichen Zuständigkeiten**. Die BPOL wurde bis 2005 als Bundesgrenzschutz (BGS) bezeichnet, was der ursprünglich alleinigen Funktion der Grenzsicherung (Art. 73 Abs. 1 Nr. 5 GG) entsprach. Die Umbenennung beruht auf dem Gesetz vom 21. Juni 2005 (BGBl. I 2005 S. 1818) und sollte dem Umstand Rechnung tragen, dass die Bezeichnung BGS der gewachsenen Aufgabenvielfalt dieser Polizei nicht mehr gerecht wurde.[203]

Zu den **Aufgaben** der **BPOL** gehören z. B. der grenzpolizeiliche Schutz des Bundesgebietes (§ 2 Abs. 1 BPolG), bahnpolizeiliche Aufgaben (§ 3 BPolG), der Schutz vor Angriffen auf die Sicherheit des Luftverkehrs (§ 4 BPolG), Sicherheitsmaßnahmen an Bord von Luftfahrzeugen (§ 4a BPolG), Aufgaben im Notstands- und Verteidigungsfall (§ 7 BPolG; Art. 91 Abs. 2 GG, Art. 115f Abs. 1 Nr. 1 GG), der Schutz von Bundesorganen (§ 5 Abs. 1 BPolG) und die Unterstützung der Polizei eines Landes zur Aufrechterhaltung oder Wiederherstellung der öffentlichen Sicherheit (§ 11 Abs. 1 Nr. 1 BPolG; Art. 35 Abs. 2 S. 1 GG), ferner auf Anforderung des Bundesamtes für Verfassungsschutz (BfV) dessen Unterstützung auf dem Gebiet der Funktechnik (§ 10 BPolG). Die BPOL hat auch im Rahmen ihrer Zuständigkeiten Straftaten (§ 12 BPolG) und Ordnungswidrigkeiten (§ 13 BPolG) zu verfolgen (Bundespolizeiinspektion Kriminalitätsbekämpfung). Die Befugnisse der BPOL sind in §§ 14–50 BPolG geregelt. Dazu zählen etwa das lagebildabhängige Anhalten und Befragen von Personen (§ 22 Abs. 1a BPolG), der Einsatz selbsttätiger Bildaufnahme- und Bildaufzeichnungsgeräte (§ 27 BPolG), der Einsatz von VP (§ 28 Abs. 2 Nr. 3 BPolG) und VE (§§ 28 Abs. 2 Nr. 4, 28a BPolG), ferner die Ausschreibung zur grenzpolizeilichen Fahndung und Beobachtung (§§ 30, 31 BPolG) sowie die Übermittlung von Fluggastdaten (§ 31a BPolG). Polizeibeamte der BPOL können auch mit der Wahrnehmung von Aufgaben der Zollverwaltung an einzelnen Grenzübergangsstellen betraut werden (§ 67 BPolG). Eine besondere Vorschrift für den Schusswaffengebrauch im Grenzdienst

203 BPolG, abgedruckt u. a. bei *Soiné* als Anhang M.

enthält § 11 UZwG. Zur Aufklärung oder Bekämpfung des internationalen Terrorismus mit Bezug zu Deutschland führen das BPOLP (§ 1 Abs. 3 Nr. 1d BPolZV) und weitere Sicherheitsbehörden von Bund und Ländern zur Erfüllung ihrer jeweiligen gesetzlichen Aufgaben beim BKA eine gemeinsame standardisierte zentrale Antiterrordatei (§ 1 ATDG).

Die BPOL setzt Polizeibeamte in verschiedenen Funktionen bei der Europäischen Agentur für die Grenz- und Küstenwache **Frontex** mit Sitz in Warschau ein.[204] Frontex koordiniert seit 2005 die operative **Zusammenarbeit** der **Mitgliedstaaten** zum **Schutz** der **EU-Außengrenzen**, unterstützt die Mitgliedstaaten bei der Ausbildung von nationalen Grenzschutzbeamten und legt gemeinsame Ausbildungsstandards fest, erstellt Risikoanalysen, verfolgt die Entwicklungen der für die Kontrolle und Überwachung der Außengrenzen relevanten Forschung, unterstützt die Mitgliedstaaten in Situationen, die einen verstärkten technischen und operativen Einsatz an den Außengrenzen erfordern, und leistet die notwendige Unterstützung für die Organisation gemeinsamer Rückführungsaktionen der Mitgliedstaaten. Frontex koordiniert zudem gemeinsame Einsätze des Grenzschutzes der Mitgliedstaaten in sog. **Frontex Joint Support Teams** (FJST). Ein Mitgliedstaat kann die Frontex-Agentur um Unterstützung bei der Erfüllung seiner EU-rechtlichen Verpflichtungen zur Sicherung der Außengrenzen ersuchen, auch in Form von „Soforteinsätzen". Die Agentur prüft die Ersuchen und koordiniert bei Bedarf entsprechende Maßnahmen.[205]

204 Errichtung durch die Verordnung/EG 2007/2004 des Rates vom 26.10.2004. Die novellierte Frontex-VO (EU) 2019/1896, zuvor VO (EU) 2016/1624, überträgt der Agentur die Aufgabe, „für eine integrierte europäische Grenzverwaltung an den Außengrenzen [zu] sorgen […], um diese Außengrenzen effizient unter uneingeschränkter Wahrung der Grundrechte zu verwalten, und um die Effizienz der Rückkehrpolitik der Union zu erhöhen".

205 *Lisken/Denninger*-Aden, M Rz 184.

4. Die Bundespolizeiinspektion Kriminalitätsbekämpfung

Die **BPOLI KB** ist die Dienststelle der BPOL zur **Bekämpfung** der **organisierten** oder **überörtlichen Kriminalität** insbesondere im Deliktsbereich des **Schleusungswesens** (Verstöße gegen §§ 96, 97 AufenthG). Sie besteht aus neun Inspektionen, die jeweils in eine Führungsgruppe, einen Ermittlungsdienst sowie eine operative Einheit für größtenteils verdeckte Maßnahmen (z. B. längerfristige Observationen gemäß § 163f StPO) und verdeckte technische Maßnahmen (insbesondere nach §§ 100c, 100f StPO) unterteilt sind. Dieser operative Teil wird als Mobile Fahndungseinheit (MFE) bezeichnet. Einige Einheiten ähneln den Mobilen Einsatzkommandos (MEK), die grundsätzlich auch Festnahmen selbst durchführen, andere arbeiten nur in Ausnahmefällen offen und überlassen beispielsweise Festnahmen den Beweissicherungs- und Festnahmeeinheiten. Die Arbeitsweisen der Mobilen Fahndungseinheiten sind in einer Rahmenanweisung einheitlich geregelt.

5. Der Zollfahndungsdienst

Der Zollfahndungsdienst ist die **Kriminalpolizei der Zollverwaltung**. Dessen Aufgaben und Befugnisse wurden mit dem Gesetz zur Neustrukturierung des Zollfahndungsdienstgesetzes novelliert.[206] Die Grundlage seiner Tätigkeit bildet Art. 1 ZFdG, der das Gesetz über das Zollkriminalamt und die Zollfahndungsämter (Zollfahndungsdienstgesetz – ZFdG) enthält.[207] Behörden des Zollfahndungsdienstes sind das ZKA als Zentralstelle, zugleich Direktion der GZD und Oberbehörde gemäß § 1 Nr. 2 FVG sowie die ihm unterstehenden Zollfahndungsämter als örtliche Behörden nach § 1 Nr. 3 FVG (§ 1 ZFdG).

Die Tätigkeitsschwerpunkte der Zollfahndung umfassen die Verhütung und Verfolgung von Straftaten, die Aufdeckung unbekannter Straftaten im Zuständigkeitsbereich der Zollverwaltung, die Bekämpfung der **Rauschgiftkriminalität** einschließlich der **Geldwäsche**,

206 Zollfahndungsdienstgesetz – ZFdG v. 30.3.2021, BGBl. I 2021 S. 402.
207 ZFdG, abgedruckt u. a. bei *Soiné* als Anhang P.

die Verfolgung von **Zuwiderhandlungen** im **Außenwirtschaftsbereich**, die Bekämpfung der **Zoll-** und **Verbrauchsteuerzuwiderhandlungen**, insbesondere auf dem Gebiet des internationalen Zigarettenschmuggels, die Verfolgung von **Zuwiderhandlungen** im **Marktordnungsbereich**, die Erforschung von **Steuerstraftaten** und **Steuerordnungswidrigkeiten**, die Ermittlung der Besteuerungsgrundlagen in den vorgenannten Fällen sowie die Aufdeckung und Ermittlung unbekannter Steuerfälle. Des Weiteren ist die Zollfahndung zuständig für **steuerliche Ermittlungen**, insbesondere Außenprüfungen, die den Zollfahndungsämtern im Einzelfall von den Hauptzollämtern zugewiesen werden, sowie die im Rahmen der Zuständigkeit der Finanzbehörden sonstigen übertragenen Aufgaben. Die Beamten des Zollfahndungsdienstes sind Ermittlungspersonen der StA (§ 52 S. 2 ZFdG, § 404 AO) und haben, soweit sie Ermittlungen durchführen, dieselben Rechte und Pflichten wie die Behörden und Beamten des Polizeidienstes nach den Vorschriften der StPO. Sie führen auch **Strukturermittlungen** durch, z. B. bei Steuerstraftaten, Außenwirtschaftsverstößen, internationaler organisierter Geldwäsche oder Verstößen gegen Verbote und Beschränkungen im grenzüberschreitenden Warenverkehr.

6. Das Zollkriminalamt

Das **ZKA** ist eine Behörde des Zollfahndungsdienstes als Mittelbehörde im Geschäftsbereich des Bundesministeriums der Finanzen (§ 1 ZFdG) mit Sitz in Köln. Das ZKA ist die Direktion VIII der **GZD** als Bundesoberbehörde, ferner **Zentralstelle** für den **Zollfahndungsdienst** und darüber hinaus eine der Zentralstellen für das Auskunfts- und Nachrichtenwesen der Zollverwaltung (§ 2 ZFdG). Die Behörde hat ferner die Funktion einer Koordinierungsstelle (§ 3 Abs. 5 ZFdG, § 25 Abs. 2 ZFdG), einer unterstützenden Service-Behörde (§ 3 Abs. 1–4 ZFdG, §§ 8–20 ZFdG) sowie einer vorgesetzten und Fachaufsichtsbehörde (§§ 1, 25 Abs. 1 ZFdG). Das ZKA ist zugleich Finanz- (§ 6 AO), Ermittlungs- (§§ 3 Abs. 5, 4 Abs. 1 und 4, 52 ZFdG), Überwachungs- (§ 3 Abs. 2, § 4 Abs. 2–4 ZFdG) und Gefahrenabwehrbehörde (Aufgaben des Risikomanagements nach § 3 Abs. 2, Verhütung und Verfolgung von Straftaten und Ordnungswidrigkeiten gemäß § 4 Abs. 2–4, Sicherung und Schutz von eingesetzten

Bediensteten, Dritten und Vermögenswerten sowie Zeugenschutz nach § 7, allgemeine Maßnahmen der Gefahrenabwehr gemäß §§ 39–46, besondere Maßnahmen der Gefahrenabwehr nach §§ 47, 49, 72, 73, 77, 78 ZFdG). Soweit das ZKA selbst ermittelt oder sich an Ermittlungen beteiligt, stehen der Behörde und seinen Beamten dieselben Rechte und Pflichten wie den Behörden und Beamten des Polizeidienstes zu (§ 52 ZFdG). So sind beispielsweise die längerfristige Observation (§ 47 Abs. 2 Nr. 1 ZFdG), die Datenerhebung durch den verdeckten Einsatz technischer Mittel zur Anfertigung von Bildaufnahmen und Bildaufzeichnungen außerhalb von Wohnungen (§ 47 Abs. 2 Nr. 2 a ZFdG), das Abhören und Aufzeichnen des nicht öffentlich gesprochenen Wortes außerhalb von Wohnungen (§ 47 Abs. 2 Nr. 2 b ZFdG), der Einsatz von VP (§ 47 Abs. 2 Nr. 3 ZFdG) und VE (§ 47 Abs. 2 Nr. 4, Abs. 3 ZFdG) gesetzlich geregelt. Die Einsatzunterstützung des ZKA für ermittlungsführende Behörden der Zollverwaltung umfasst u. a. den Einsatz von VE sowie die Bereitstellung von Spezialeinheiten und hochwertigem technischem Gerät (§ 3 Abs. 6 Nr. 3 ZFdG). Die Beamten des ZKA sind verpflichtet, als Ermittlungspersonen der StA (Ermittlungspersonen kraft Gesetzes, § 404 AO, § 37 Abs. 3 AWG, § 37 Abs. 3 S. 2 MOG) von dort unmittelbar erteilte Ermittlungsaufträge zu befolgen. Die StA nutzt die koordinierende und leitende Funktion des ZKA nicht nur im nationalen Bereich, sondern auch zur Koordinierung von Maßnahmen mit ausländischen Zollfahndungsdiensten, anderen Fahndungsdiensten der Europäischen Gemeinschaft und OLAF. Das ZKA ist Zentralstelle für den Amts- und Rechtshilfeverkehr mit dem Ausland und Stellen der EG-Kommission sowie mit der WCO. Im Rahmen der grenzüberschreitenden Zusammenarbeit der Strafverfolgungsbehörden sind Verbindungsbeamte des ZKA in mehreren europäischen und außereuropäischen Staaten eingesetzt. Neben der ZUZ des ZKA unterstützt die OEZ die Behörden der Zollverwaltung bei Observationen im Bereich der mittleren, schweren und organisierten Zollkriminalität. Zu den Aufgaben der OEZ gehört auch der unmittelbare Personenschutz gefährdeter Zeugen zur Sicherung des Strafverfahrens.

Die FIU wurde zum 26. Juni 2017 unter dem Dach der GZD eingerichtet. Die Zentralstelle für Finanztransaktionsuntersuchungen soll als „Intelligence-Einrichtung“ dazu beitragen, Geldwäsche und Terrorismusfinanzierung mittels gezielter Analyse zu verhindern.

7. Die Zentrale Unterstützungsgruppe Zoll

Die **ZUZ** ist eine 1995 gegründete und dem ZKA unterstehende **Spezialeinheit**, die vorrangig die Zollfahndungsämter bei der Bewältigung von **Sondereinsatzlagen** unterstützt. Die ZUZ unterstützt auch im Bereich der FKS. Die speziell ausgebildeten Beamten sind mit hochmodernen Peil- und Ortungsgeräten sowie Satellitentechnik, unterschiedlichen Waffen und Spezialfahrzeugen ausgestattet. Die ZUZ wird eingesetzt bei strafprozessualen Maßnahmen mit hohem Gefährdungsgrad, unkonventionellen Observationen und Einsätzen, die ein geschlossenes Vorgehen – offen oder verdeckt – unter Anwendung unmittelbaren Zwanges gegen besonders gewaltbereite, bewaffnete und entschlossene Täter erfordern (z. B. in Fällen von Zigarettenschmuggel, BtM-Delikten und Schwarzarbeit).

8. Sicherheitsbehördliche Kooperationsplattformen

Sicherheitsbehördliche Kooperationsplattformen dienen in erster Linie dem behördenübergreifenden Informationsaustausch. Polizei und Nachrichtendienste sind an das Prinzip der informationellen Trennung gebunden.[208]

Das **Cyber-AZ** ist ein Kernelement der 2011 von der Bundesregierung verabschiedeten Cyber-Sicherheitsstrategie (CSS). Es bündelt die in den Sicherheitsbehörden des Bundes vorhandene Expertise im Bereich Cyber-Sicherheit und gewährleistet eine effektive und effiziente Zusammenarbeit aller staatlichen Stellen bei der **Koordinierung von Schutz- und Abwehrmaßnahmen gegen IT-Sicherheitsvorfälle (Cyber-Spionage, Cyber-Ausspähung, Cyber-Terrorismus und Cyber-Crime)**. An dieser Kooperationsplattform, deren Federführung dem BSI obliegt, beteiligen sich das BKA, die BPOL, das BfV, der BND, das BAMAD, das BBK und die Bundeswehr (KdoCIR). Die beteiligten Behörden haben jeweils eine Verbindungsperson als Mitarbeiter in das Abwehrzentrum entsandt.

Das **GASiM** ist eine seit dem 2. Mai 2006 tätige Kooperationsplattform für das BKA, die BPOL, die Bundeszollverwaltung/FKS, das

208 Grundlegend, vgl. *BVerfGE* 133, 277, 328 ff. (ATDG).

Auswärtige Amt, den BND, das BfV und das BAMF zwecks Informationsaustausch zur **Verhinderung** der **illegalen Migration** und der damit verbundenen Kriminalität.

Das **GETZ** ist eine seit dem 15. November 2012 betriebene unter gemeinsamer Geschäftsführung des BKA und des BfV liegende Informationsplattform für den Austausch von Erkenntnissen über die Phänomenbereiche **Rechtsextremismus/-terrorismus**, **Linksextremismus/-terrorismus**, **Ausländerextremismus/-terrorismus** und **Spionage/Proliferation** (bei Vorliegen eines geheimdienstlichen Bezuges). Beteiligt sind folgende Behörden: der BND, das BAMAD, die 16 LfV, die BPOL, Europol, der GBA, die GZD, die 16 LKÄ, das BAMF sowie das Bundesamt für Wirtschaft und Ausfuhrkontrolle (BAFA).

Das **GIZ** ist eine seit Anfang 2007 bestehende behördenübergreifende Institution zum Austausch von Erkenntnissen, die von den Sicherheitsbehörden durch **Beobachtung, Auswertung und Analyse islamistischer und jihadistischer Inhalte im Internet** gewonnen wurden. Dort arbeiten unter der Geschäftsführung des BfV das BKA, der BND, das BAMAD und der GBA zusammen. Der Informationsaustausch erfolgt unter Beachtung des gesetzlichen Trennungsgebots zwischen Polizei und Nachrichtendiensten.

Das **GTAZ** dient seit dem 14. Dezember 2004 der engen Zusammenarbeit bei der **Bekämpfung des islamistischen Terrorismus**, in dem Vertreter des BKA, des BfV, des BND, des GBA, der BPOL, des ZKA, des BAMF, des BAMAD sowie der LfV und der LKÄ ihre Erkenntnisse im Rahmen bestehender Zuständigkeiten und Befugnisse austauschen.

IX. Besondere Aspekte bei polizeilichen Ermittlungshandlungen

1. Ausweispflicht/Legitimationspflicht von Polizeivollzugsbeamten

Die Pflicht der Polizeivollzugsbeamten, sich bei ihren Ermittlungen auszuweisen, ist der StPO nicht zu entnehmen. Ausdrückliche Regelungen über die Ausweispflicht/Legitimationspflicht finden sich in

- Art. 6 BayPAG,
- § 5a Abs. 1 ASOG Bln,
- § 9 BbgPolG,
- § 9 Abs. 1 BremPolG,
- § 55 Abs. 3 PolG NRW,
- § 87 SPolG,
- § 11 SächsPVDG,
- § 12 Abs. 1 SOG LSA und
- § 6 ThürPAG

sowie in dienstinternen **Verwaltungsvorschriften**. Danach haben Polizeivollzugsbeamte ihren **Polizeidienstausweis** im Dienst ständig mitzuführen. Er ist auch bei Dienstreisen außerhalb Deutschlands mitzuführen, wenn keine anders lautende Weisung vorliegt.

Polizeivollzugsbeamte in Uniform haben den Polizeiausweis bei Amtshandlungen **auf Verlangen vorzuzeigen**; beim **Einsatz in Zivil** haben sie dies unaufgefordert zu tun. In einzelnen Bundesländern besteht eine **Kennzeichnungspflicht** für Polizeibedienstete in Uniform (Namens- bzw. Nummernkennzeichnung).[209]

Entsprechende Regelungen über die **Ausweispflicht** bestehen in Rheinland-Pfalz für **kommunale Vollzugsbeamte** (§ 109 Abs. 3 POG RP) und **Hilfspolizeibeamte** (§ 110 Abs. 1 S. 3 POG RP), im Saarland für **Bedienstete der Polizeiverwaltungsbehörden** (§ 79 Abs. 1 S. 2

209 Zur Rechtslage in Berlin und Brandenburg, vgl. z. B. *Barczak*, LKV 2014, 391.

SPolG) und in Schleswig-Holstein für **Vollstreckungsbeamte** (§ 273 LVwG SH).

Das **Aushändigen** des Dienstausweises zur Prüfung dessen Echtheit ist nicht erforderlich. Das **Vorzeigen** des Dienstausweises kann entfallen, wenn der **Zweck** der Amtshandlung dadurch **beeinträchtigt** oder der Polizeivollzugsbeamte **gefährdet** würde.

Polizeivollzugsbeamte, die eine **Kriminalamtsbezeichnung** führen oder auf Anordnung der Behörde über einen längeren Zeitraum in **Zivilkleidung** zur Kriminalitätsbekämpfung eingesetzt sind, erhalten zusätzlich eine mit einer laufenden Nummer versehene **Kriminaldienstmarke**. Die Kriminaldienstmarke ist im Dienst ständig mitzuführen. Sie ist sorgfältig gegen Verlust zu sichern und verdeckt, aber griffbereit an einer Kette oder Schnur zu tragen. Die Kriminaldienstmarke und der Dienstausweis brauchen nicht vorgezeigt zu werden, wenn der Zweck der Amtshandlung dadurch beeinträchtigt oder der Polizeivollzugsbeamte gefährdet würde.

Neben der Legitimation durch Vorzeigen des Polizeidienstausweises können Polizeibeamte in geeigneten Fällen zur Förderung der Verständigung und zur Akzeptanzsteigung polizeilicher Maßnahmen dienstliche **Visitenkarten** überreichen. Die Visitenkarte enthält den Vor- und Zunamen, die Amtsbezeichnung, die vollständige Anschrift der Dienststelle, jeweils eine Ruf- und Faxnummer sowie eine E-Mail-Adresse.

In Fällen, in denen Polizeivollzugsbeamte sich wegen einer Gefährdung ihrer Person nicht ausweisen können (Vorzeigen des Dienstausweises und/oder der Kriminaldienstmarke), ist dies nach Wegfall der Gefährdungslage nachzuholen.

Keine Ausweispflicht besteht für VE, da der Sinn ihrer Tätigkeit gerade darin besteht, dass ihre Identität nicht bekannt wird; Gleiches gilt für den Einsatz von NoeP.

2. Selbstgefährdungspflicht bei Strafverfolgungsmaßnahmen

Bei der Anwendung unmittelbaren Zwangs, wie z. B. bei der Festnahme flüchtiger Straftäter, ist der Polizeibeamte mitunter auch **Gefahren für Leib oder Leben** ausgesetzt. Hier ist zu berücksichtigen, dass die **Selbstgefährdungspflicht** im Polizeibeamtenverhältnis nicht schrankenlos gilt. Zwar unterliegt der Polizeibeamte der Pflicht zur erhöhten Gefahrtragung,[210] er muss sich aber keiner Gefahr aussetzen, die ihn voraussichtlich in die Gefahr des Todes oder schwerer Gesundheitsbeeinträchtigungen bringen würde.[211] **Polizeiliche Einsatzfahrten** sind nicht typischerweise mit einer besonderen Lebensgefahr verbunden.[212] Bei sog. qualifizierten Dienstunfällen (§ 37 BeamtVG) muss sich der Beamte in der konkreten Diensthandlung bewusst sein, dass er sich einer objektiv erkennbaren und naheliegenden Lebensgefahr aussetzt.

Zur Aufklärung schwerer Straftaten und zur Festnahme gefährlicher Gewaltverbrecher werden regelmäßig **SEK** eingesetzt. Bei **SEK-Beamten** muss eine uneingeschränkte Verwendungsfähigkeit für den Polizeivollzugsdienst vorliegen, d. h. keine Beeinträchtigung von körperlicher und geistiger Leistungsfähigkeit sowie seelischer Belastbarkeit. Die Auswahl und Ausbildung dauert neun Monate, die Probezeit beträgt sechs Monate. Die Höchstaltersgrenze, die niedriger als die allgemeine Höchstaltersgrenze für Polizeivollzugskräfte ist, liegt bei Einsatzbeamten des SEK bei 42 Jahren, die Höchstaltersgrenze für **Teamführer** im **SEK** liegt bei 48 Jahren.[213]

3. Die Anwendung unmittelbaren Zwanges durch Strafverfolgungsorgane

Bei der Strafverfolgung kann die Polizei auch zur Anwendung von unmittelbarem Zwang berechtigt sein. Als Teil des **Verwaltungszwanges** (Erzwingung einer durch Verwaltungsakt verlangten Handlung, Duldung oder Unterlassung) versteht man darunter die **Einwirkung** auf **Personen** oder **Sachen** durch **körperliche Gewalt**, ihre **Hilfsmittel** (insbesondere Fesseln, Wasserwerfer, technische Sperren, Diensthunde, Dienstpferde, Dienstfahrzeuge, Reiz- und Betäubungs-

210 *Ley/Burkart*, S. 77.
211 Zum Ganzen, vgl. z. B. *Soiné*, Polizeispiegel 1996, 246.
212 *VG Gelsenkirchen*, NZV 2018, 152.
213 So die Rechtslage in Berlin, vgl. *OVG Berlin-Brandenburg*, LKV 2011, 38 ff., bes. 40, 42.

stoffe sowie Sprengmittel) und durch (zugelassene) **Waffen** (Schlagstock, Pistole, Revolver, Gewehr, Maschinenpistole, Maschinengewehr und Handgranate). Unmittelbarer Zwang darf nur unter Beachtung des **Grundsatzes der Verhältnismäßigkeit** und in der **gesetzlich festgelegten Form** angewendet werden. Ansonsten besteht die Gefahr der Verwirklichung von Straftatbeständen und der Verletzung von beamtenrechtlichen Dienstpflichten.

Beispiele:

Die Anwendung einer schmerzverursachenden Nervendrucktechnik zur Vornahme einer Handlung ist dem Betroffenen als unmittelbarer Zwang gesondert anzudrohen. Ohne vorherige Androhung ist die Maßnahme unverhältnismäßig und damit rechtswidrig.[214]

Ein Polizeibeamter, der eine vorsätzliche Körperverletzung im Amt an einer in Polizeigewahrsam befindlichen Person durch unberechtigten Pfeffersprayeinsatz begeht, handelt dem Kernbereich seiner Pflichten zuwider und begeht damit ein schweres Dienstvergehen.[215]

Ein Polizeibeamter, der eine dreifache Körperverletzung im Amt durch wiederholte Schläge gegen einen widerstandsunfähigen minderjährigen Gefangenen begeht, bewirkt den endgültigen Vertrauensverlust des Dienstherrn in seine Person und schädigt massiv das Ansehen der Polizei in der Öffentlichkeit.[216]

Die Definition des Begriffs **Unmittelbarer Zwang** findet sich in den Polizeigesetzen der Länder.[217] Als einzige Ausnahme regelt Berlin die Anwendung unmittelbaren Zwanges für seine Vollzugsbeamten im UZwG Bln.[218] Für Vollzugsbeamte des Bundes, insbesondere des

214 *OVG Lüneburg*, NJW 2017, 1626 = Kriminalistik 2018, 167 f.

215 *VG Wiesbaden*, Urt. v. 27.9.2012 – 28 K 389/11.WI.D, – juris: Zurückstufung eines Polizeihauptkommissars (A 12) in das Amt eines Polizeioberkommissars (A 10).

216 *VGH München*, (16a. Senat), Urt. v. 12.7.2017 – 16a D 15 368, BeckRS 2017, 120187: Entfernung eines Polizeioberrats (A 14) und Dienststellenleiters aus dem Beamtenverhältnis.

217 § 50 Abs. 1 PolG BW; Art. 78 Abs. 1 BayPAG; § 61 Abs. 1 BbgPolG; § 101 Abs. 1 BremPolG; § 18 Abs. 1 HmbSOG; § 55 Abs. 1 HSOG; § 102 Abs. 1 SOG M-V; § 69 Abs. 1 NPOG; § 58 Abs. 1 PolG NRW; § 58 Abs. 1 POG RP; § 49 Abs. 2 SPolG; § 40 Abs. 1 SächsPVDG; § 58 Abs. 1 SOG LSA; § 251 Abs. 1 LVwG SH; § 59 Abs. 1 ThürPAG.

218 Abgedruckt bei *Soiné* als Anhang U-2.

BKA, der BPOL, des Zollgrenzdienstes und des Zollfahndungsdienstes, gilt das UZwG.[219]

Hinsichtlich der **Durchführung** strafprozessualer Grundrechtseingriffe regelt die StPO, dass bzw. ob die Anwendung von unmittelbarem Zwang zulässig ist, nicht jedoch ihre Art und Weise.

Beispiele:

Körperliche Untersuchung des Beschuldigten (§ 81a StPO).

Erkennungsdienstliche Behandlung (§ 81b StPO).

Untersuchung anderer Personen (§ 81c StPO).

Durchsuchung beim Beschuldigten, bei anderen Personen und Durchsuchung von Räumen zur Nachtzeit (§§ 102–104 StPO).

Vorläufige Festnahme (§ 127 StPO).

Für die Beamten des BKA, der BPOL und der Zollverwaltung existiert mit dem UZwG eine gesetzliche Grundlage für die Anwendung von unmittelbarem Zwang. Hinsichtlich des in der Praxis häufigsten Falles, der Vornahme strafprozessualer Maßnahmen durch Polizeibeamte der Länder, ist strittig, ob die Anwendung der Landesgesetze zulässig ist. Vorzugswürdig ist es, den jeweiligen strafprozessualen Ermächtigungsnormen zu entnehmen (und dies unter Beachtung des Grundsatzes der Verhältnismäßigkeit), in welchem Umfang sie die Anwendung von Zwang zur Durchsetzung der konkreten Maßnahme gestatten.

Exkurs:

Ein **Sich-Losreißen** aus einem **polizeilichen Festhaltegriff** kann den Gewaltbegriff des § 113 Abs. 1 StGB erfüllen. Erforderlich ist aber stets eine Kraftausübung des Festgenommenen, die sich gegen die Person des Vollstreckenden richtet. Dies kann – abhängig von der Intensität des Festhaltegriffs – auch bei einem mit nicht unerheblichem Kraftaufwand erfolgten Entwinden aus dem Festhaltegriff der Fall sein. Ein **bloßes Sich-Entziehen** aus einem **lockeren Griff** genügt nicht, wenn anderweitige Aktivitäten (Schläge, Stöße etc.) gegen den Vollstreckungsbeamten nicht ersichtlich sind.[220]

219 Aufstellung in § 6 UZwG, abgedruckt bei *Soiné* als Anhang U-1.
220 *OLG Dresden*, NStZ-RR 2015, 10 = Kriminalistik 2016, 124 = Kriminalistik 2016, 241.

Das bei einer Festnahme in besonderem Maße ekelerregende **Anspucken mit einem Blut-/Speichelgemisch** stellt einen tätlichen Angriff auf Vollstreckungsbeamte gemäß § 114 Abs. 1 StGB dar, auch wenn der Täter den Polizeibeamten verfehlt.[221]

Gegen eine **rechtswidrige polizeiliche Maßnahme** ist eine **Verteidigung** dann i. S. v. § 32 StGB **nicht geboten**, wenn der **Vollstreckungsbeamte nicht offensichtlich bösgläubig** oder **amtsmissbräuchlich** handelt und durch die Vollstreckungshandlung **kein irreparabler Schaden** droht, durch die **Abwehrhandlung** aber **erhebliche Verletzungen** oder der **Tod des Amtsträgers** zu gewärtigen sind.[222]

3.1 Der Schusswaffengebrauch

Polizeibeamte des Bundes und der Länder mit Vollzugsaufgaben sowie Bedienstete der Zollverwaltung sind vom Anwendungsbereich des Waffengesetzes (§ 55 Abs. 1 S. 1 WaffG) ausgenommen, soweit sie bei ihren dienstlichen Tätigkeiten **Waffen** verwenden.[223] Dieser Personenkreis ist durch Dienstvorschriften hierzu ermächtigt, auch für den Besitz dienstlich zugelassener Waffen oder Munition und das Führen außerhalb des Dienstes.[224] Die Berechtigung zum Führen von Schusswaffen wird im Dienstausweis vermerkt. Das **Führen einer Dienstwaffe** nach dem **Genuss von Alkohol** ist **unzulässig**, da eine sichere Handhabung der **Schusswaffe** und **Munition** nicht gewährleistet ist.[225]

Der polizeiliche Schusswaffengebrauch gegen Personen kommt insbesondere bei der **vorläufigen Festnahme** von Straftatverdächtigen in Betracht. Dabei gilt § 127 Abs. 1 StPO für alle Polizeibeamten mit der Maßgabe, dass die Grenzen der Festnahmemittel durch das Polizeirecht (der Länder) bestimmt werden.[226] Der Schusswaffengebrauch

---

221 *LG Nürnberg-Fürth*, NStZ-RR 2021, 169.

222 *OLG Hamm*, NStZ-RR 2009, 271.

223 Mit Schusswaffen können auch die Vollzugsdienstkräfte des Gewerbeaußendienstes, die Polizeibeschäftigten im Objektschutz oder Gefangenenbewachungsdienst und die Polizeibeschäftigten im Sicherheits- und Ordnungsdienst dienstlich ausgerüstet werden.

224 *Heller/Soschinka* Rz 2700 f.

225 *VG Trier*, (3. Kammer), Urt. v. 29.8.2017 – 3 K 3674/17.TR Rz 34 –, juris.

226 *BGHSt* 26, 99, 101; *OLG Karlsruhe*, Justiz 2011, 221.

ist als Maßnahme des unmittelbaren Zwanges in den Polizeigesetzen der Länder geregelt. Als Ausnahme normiert das ASOG Bln die Voraussetzungen des Schusswaffengebrauchs für Polizeibeamte von Berlin in den §§ 9–16 UZwG Bln. Für die Polizeivollzugsbeamten des Bundes (BKA, BPOL; vgl. § 6 Nr. 1 UZwG i. V. m. § 1 BPolBG) und die Beamten des Zollgrenzdienstes und des Zollfahndungsdienstes-(vgl. § 6 Nr. 2 UZwG) ist der Schusswaffengebrauch in den §§ 9–13 UZwG geregelt. Für die Anwendung unmittelbaren Zwanges durch Schusswaffengebrauch gegen Personen verweist § 3 UZwG auf die Einschränkbarkeit des Rechts auf Leben (Art. 2 Abs. 1 S. 1 GG). § 12 Abs. 2 S. 1 UZwG gestattet die Schussabgabe jedoch nur zu dem Zweck angriffs- oder fluchtunfähig zu machen.

Zielt die Anwendung unmittelbaren Zwangs etwa darauf ab, durch präzisen Schusswaffengebrauch auf größere Distanz den oder die Täter **handlungsunfähig** zu machen, um das Leben anderer Menschen zu retten (z. B. bei Geiselnahmen), werden möglichst **Präzisionsschützenkommandos**, in den Ländern zumeist den Spezialeinsatzkommandos (SEK) und in der BPOL der Grenzschutzgruppe 9 (GSG 9 BPOL) angegliederte Einheiten speziell ausgebildeter Polizeivollzugsbeamter zur Bekämpfung schwerster Formen von Gewaltkriminalität eingesetzt.

Der sog. „**finale Rettungsschuss**" ist ein Schuss, der mit an Sicherheit grenzender Wahrscheinlichkeit tödlich wirken wird. Folgende Polizeigesetze enthalten ausdrückliche Regelungen:

- § 54 Abs. 2 PolG BW
- Art. 83 Abs. 2 S. 2 BayPAG
- § 66 Abs. 2 S. 2 BbgPolG
- § 107 Abs. 2 S. 2 BremPolG
- § 25 Abs. 2 S. 1 HmbSOG
- § 60 Abs. 2 S. 2 HSOG
- § 76 Abs. 2 S. 2 NPOG
- § 63 Abs. 2 S. 2 PolG NRW
- § 63 Abs. 2 S. 2 POG RP
- § 43 Abs. 2 S. 2 SächsPVDG
- § 57 Abs. 1 S. 2 SPolG
- § 65 Abs. 2 S. 2 SOG LSA
- § 64 Abs. 2 S. 2 ThürPAG.

Die Polizeigesetze von Mecklenburg-Vorpommern (§ 109 SOG M-V) und Schleswig-Holstein (§ 261 LVwG SH) verweisen bei den Regelungen über die Anwendung unmittelbaren Zwanges durch Schusswaffengebrauch gegen Personen auf die Einschränkbarkeit des Rechts auf Leben (Art. 2 Abs. 1 S. 1 GG).

Das Polizeigesetz von Berlin gestattet keine Einschränkung des Rechts auf Leben im Rahmen gefahrenabwehrrechtlicher Maßnahmen. § 66 ASOG Bln, der die Einschränkung von Grundrechten regelt, lässt das Recht auf Leben und körperliche Unversehrtheit unerwähnt. Maßnahmen des unmittelbaren Zwanges erfolgen auf der Grundlage von § 7 UZwG Bln, der nur Einschränkungen des Rechts auf körperliche Unversehrtheit erlaubt.

Nach der Rechtsprechung kann ein Polizeibeamter bei Ausübung seines Dienstes – jedenfalls bei einem **rechtswidrigen Angriff** auf ihn oder einen Dritten – das **Notwehr-** und **Nothilferecht** uneingeschränkt in Anspruch nehmen. Hat ein Polizeibeamter im Wege der Notwehr oder Nothilfe **rechtmäßig** den **Angreifer verletzt**, kann nicht die gleiche Handlung wegen Verstoßes gegen die vom allgemeinen Notwehrrecht abweichenden Regelungen über den Schusswaffengebrauch als rechtswidrige Amtspflichtverletzung oder rechtswidrige Maßnahme der Polizei eingestuft werden.[227]

Für den polizeilichen Schusswaffeneinsatz zu **Verteidigungszwecken** gilt:

1. Nur wenn mehrere wirksame Mittel zur Verfügung stehen, hat der Verteidigende dasjenige Mittel zu wählen, das für den Angreifer am wenigsten gefährlich ist. Wann eine weniger gefährliche Abwehr geeignet ist, die Gefahr zweifelsfrei, sofort und endgültig zu beseitigen, hängt von den Umständen des Einzelfalls ab. Unter mehreren Abwehrmöglichkeiten ist der Verteidigende zudem nur dann auf die für den Angreifer weniger gravierende verwiesen, wenn ihm genügend Zeit zur Wahl des Mittels sowie zur Abschätzung der Lage zur Verfügung steht.[228]
2. In der Regel ist der Angegriffene gehalten, den Gebrauch der Waffe zunächst anzudrohen oder vor einem tödlichen Schuss einen we-

227 *OLG Celle*, NJW-RR 2001, 1033 = Kriminalistik 2001, 628.
228 *OLG Frankfurt a.M.*, NStZ-RR 2013, 107.

niger gefährlichen Einsatz zu versuchen. Die Notwendigkeit eines **Warnschusses** besteht aber nur dann, wenn ein solcher Schuss auch dazu geeignet gewesen wäre, den Angriff endgültig abzuwehren.[229]

Bei der **Tötung eines Menschen** durch polizeilichen Schusswaffengebrauch trifft die Rechtsprechung Feststellungen zum **Tötungsvorsatz**, zur **Rechtswidrigkeit** und zur **Schuldfähigkeit** des Polizeibeamten.

1. Zum **Tötungsvorsatz**:
   Die Grenze zwischen bedingtem Vorsatz und bewusster (grober) Fahrlässigkeit kann schwierig zu bestimmen sein, weil beide Schuldformen eng beieinander liegen und selbst bei schweren Gewalthandlungen wegen der hohen Hemmschwelle gegenüber der Tötung eines Menschen immer auch die Möglichkeit in Betracht zu ziehen ist, dass das Opfer überleben würde. Insbesondere gilt dies, wenn Polizeibeamte auf flüchtende Personen schießen, um diese festnehmen zu können. Ihnen kann selbst im Fall eines tödlich verlaufenden Beschusses nicht ohne weiteres unterstellt werden, sie hätten das Opfer nicht festnehmen, sondern töten wollen.[230]
   Wer einen Menschen mit einer Schusswaffe töten will, schießt – wenn nicht in Richtung des Kopfes – in Richtung dessen Oberkörper.[231]
2. Zur **Rechtswidrigkeit**:
   Bei der Prüfung von Notwehr (§ 32 StGB) kann auch Putativnotwehr, welche im Ergebnis die Bestrafung wegen vorsätzlicher Begehungsweise ausschließt, in Betracht kommen. Sie liegt dann vor, wenn der Täter irrtümlich die tatsächlichen Voraussetzungen der Notwehr annimmt, also entweder glaubt, dass ein Angriff gegeben sei oder der tatsächlich rechtmäßige Angriff rechtswidrig sei oder seine in Wirklichkeit ungeeignete Verteidigung geeignet, erforderlich und geboten sei.[232]
   Bei der Prüfung eines Erlaubnistatbestandsirrtums, z. B. bei Schussabgabe auf den Fahrer eines Kfz, um es zum Stoppen zu bringen, und dadurch eine Gefahr für Leib oder Leben eines ande-

229 A. a. O.

230 *LG Neuruppin*, Urt. v. 3.7.2010 – 11 Ks 321 Js 2/09, BeckRS 2011, 05209 unter Hinweis auf *BGH*, NJW 1999, 2533, 2534.

231 *LG Neuruppin*, Urt. v. 3.7.2010 – 11 Ks 321 Js 2/09, BeckRS 2011, 05209.

232 Vgl. z. B. *Fischer*, § 32 StGB Rz 50.

ren Menschen abzuwenden, ist die polizeiliche Erfahrung zu berücksichtigen, dass ein Schuss auf den Fahrer die vom fahrenden Fahrzeug ausgehenden Gefahren eher nur verschlimmert.[233]

3. Zur **Schuldfähigkeit**:
   Nicht jede Erregung, die mit dem Erleben oder Wahrnehmen dramatischer Situationen verbunden ist, führt zu einer krankheitswertigen Einschränkung der Steuerungsfähigkeit. Unüberlegtes, überstürztes Handeln ist hier nicht gleichzusetzen mit dem erheblichen Verlust an Steuerungsfähigkeit i. S. v. §§ 20, 21 StGB und demnach auch kein hinreichendes Zeichen für das Vorliegen eines pathologischen Affektzustandes. Insbesondere gilt dies für erfahrene Polizeibeamte des Streifendienstes, die konfliktträchtige, dramatische Situationen, deren Entschärfung zu ihrem Berufsbild gehört, häufig erleben und dadurch in gewisser Weise abgeklärt sind.[234]

3.2 Die Anwendung von unmittelbarem Zwang auf Weisung der Staatsanwaltschaft

Die Anwendung von unmittelbarem Zwang ist auch in den RiStBV, Anl. A, geregelt. Danach ist die Weisungsbefugnis des StA gegenüber der Polizei über die Anwendung von unmittelbarem Zwang auf den Bereich der Strafverfolgung beschränkt. Sind bei einem Lebenssachverhalt gleichzeitig Aufgaben der Gefahrenabwehr und der Strafverfolgung zu erfüllen, entscheidet für den Fall, dass ein Einvernehmen unter Einbeziehung vorgesetzter Dienststellen nicht zu erzielen ist, über die Anwendung von unmittelbarem Zwang letztlich die Polizei.[235]

---

233 *LG Neuruppin*, Urt. v. 3.7.2010 – 11 Ks 321 Js 2/09, BeckRS 2011, 05209.

234 A. a. O.: Verurteilung eines Polizeibeamten wegen Erschießens eines Straftäters zu zwei Jahren mit Bewährung. Der *BGH* hat die Revision des Angeklagten gegen das Urteil im Einklang mit dem GBA verworfen; Beschl. v. 24.2.2011 – 5 StR 534/10, BeckRS 2011, 5175. Die Verfassungsbeschwerde gegen den Beschluss des *BGH* und das Urteil des *LG* hat das *BVerfG* nicht zur Entscheidung angenommen; Beschluss der 3. Kammer des 2. Senats vom 30.6.2014, – 2 BvR 792/11 –, juris.

235 RiStBV, Anl. A, B. III.

4. Das Recht des Polizeibeamten am eigenen Bild

Auch das Recht am eigenen Bild, eine besondere Ausprägung des aus Art. 1 Abs. 1 GG, Art. 2 Abs. 1 GG abgeleiteten allgemeinen Persönlichkeitsrechts,[236] das auch die Freiheit der Selbstdarstellung als eigenständigen Schutzbereich umfasst, gilt für den Polizeibeamten.[237]

Bereits die **Herstellung eines Bildes**, das den Abgebildeten erkennen lässt, bedeutet in der Regel einen Eingriff in dieses Schutzgut, der einer Rechtfertigung bedarf.[238] Dabei kann schon das bloße Herstellen einer Aufnahme einer Person, die sich nicht im persönlichen Rückzugsbereich, sondern in der Öffentlichkeit aufhält, gegen das allgemeine Persönlichkeitsrecht verstoßen.[239]

Das **unbefugte Fotografieren** eines Polizeibeamten stellt sich in der Regel als rechtswidriger Angriff auf dessen Persönlichkeitsrecht dar.[240] Unbefugt ist das Fotografieren bereits dann, wenn feststeht oder nach den Umständen mit Sicherheit damit gerechnet werden muss, dass die Abbildung ohne oder gegen den Willen des Abgebildeten verbreitet werden soll, es sei denn, der Fotograf kann sich auf einen der Ausnahmetatbestände (§ 23 KUG) berufen. Ist das nicht der Fall, so besteht schon zum Zeitpunkt der Anfertigung der Fotografie eine konkrete Gefahr für die öffentliche Sicherheit.[241] Die zu reinen werbe- bzw. kommerziellen Zwecken nicht anlassbedingte – wenn auch nur kurze – und nicht nach § 23 KUG gerechtfertigte Videoaufnahme eines Polizeibeamten im Dienst verstößt gegen dessen allgemeines Persönlichkeitsrecht und rechtfertigt eine Geldentschädigung.[242]

---

236 *BVerfG*, NJW 1973, 1226.

237 Vgl. z. B. *Soiné*, Polizeispiegel 1999, 111, 113, 115, 117 f., 142 ff.

238 *BGH*, NJW 1966, 2354.

239 *VGH Mannheim*, NVwZ-RR 2008, 700 = Kriminalistik 2008, 665.

240 Ausführlich dazu, vgl. z. B. *Wiacek*, mit Hinweisen für die Polizeipraxis (S. 76, 78, 79 f., 81, 100, 103 f., 131 f., 151 f.) und Fallstudien (S. 153–208); zum polizeilichen Einschreiten gegen Filmaufnahmen unter Berücksichtigung der DS-GVO, siehe z. B. *Rennicke*, NJW 2022, 8.

241 *OLG Bremen*, NJW 1977, 158; *OVG Lüneburg*, NVwZ 2013, 1498; *VG Göttingen*, Kriminalistik 2013, 457.

242 *OLG Frankfurt a. M.*, NJW-RR 2021, 1053: 2000 Euro Geldentschädigung für die Verwendung einer Filmaufnahme einer Polizeibeamtin in einem Musikvideo zu Werbezwecken.

Im Einzelfall kann ein **Fotografierverbot** bei einem polizeilichen Einsatz gerechtfertigt sein, wenn aufgrund konkreter Anhaltspunkte zu vermuten ist, dass die angefertigten Fotos ohne den erforderlichen Schutz gegen eine Enttarnung der eingesetzten Beamten (Unkenntlichmachung der Gesichter durch Verpixelung) veröffentlicht werden.[243] Denn an der **Verbreitung** von **Nahaufnahmen** von **Polizeibeamten** besteht grundsätzlich kein öffentliches Interesse. Die Verbreitung von Porträtaufnahmen ohne Informationswert für die Empfänger im Zusammenhang mit einem zeitgeschichtlichen Ereignis widerspricht dem Recht der betroffenen Polizeibeamten am eigenen Bild.[244]

Die **öffentliche Zurschaustellung** des **Bildnisses** eines **Polizeibeamten**, z. B. in Form eines „Fahndungsplakats", auf dem der Abgebildete zu erkennen ist, kann den Tatbestand des § 33 KUG erfüllen, wenn der Täter entgegen der §§ 22, 23 KUG ein Bildnis eines Polizisten ohne dessen Einwilligung öffentlich zur Schau stellt.[245]

Bei Vorliegen von hinreichenden Anhaltspunkten für die Gefahr, dass von Polizeibeamten **im Einsatz** erstellte **Nahaufnahmen** unter Verstoß gegen §§ 22, 23 KUG i. V. m. § 33 KUG verbreitet werden, sind die Beamten berechtigt, **polizeirechtliche Maßnahmen** zur **Identitätsfeststellung** der fotografierenden Person zu ergreifen. Eine **Identitätsfeststellung** zur **Abwehr einer Gefahr** dient regelmäßig der weiteren Aufklärung einer Gefahrenlage.[246]

Die **Beschlagnahme** der **Kamera** eines **Pressefotografen** bei einem Polizeieinsatz (z. B. Fotografieren der Observation eines Gebäudes, vor dem das Kfz des gesuchten Straftäters geparkt war, aus einer Entfernung von ca. 200 Metern) ist nur bei Vorliegen einer Gefahr für die öffentliche Sicherheit und Ordnung zulässig und unterliegt einer uneingeschränkten gerichtlichen Überprüfung, ob nach den Erkenntnismöglichkeiten der Polizei im Zeitpunkt ihrer Entscheidung (ex ante) hinreichende tatsächliche Anhaltspunkte vorlagen, die den Eintritt eines Schadens objektiv wahrscheinlich machten.[247]

243 *BVerwGE* 143, 74 = Kriminalistik 2012, 487.
244 *OVG Rheinland-Pfalz*, DÖV 1997, 1011, 1012.
245 *BerlVerfGH*, NVwZ-RR 2007, 1686.
246 *OVG Lüneburg*, ZUM-RD 2014, 305: Buttons auf Kleidung „Bürgerinnen beobachten Polizei und Justiz".
247 *OVG Bautzen*, SächsVBl 2008, 89.

5. Beleidigungen von Polizeibeamten

Ob eine Äußerung als Kundgabe der Missachtung eines anderen anzusehen ist, hängt von deren durch Auslegung zu ermittelnden objektiven Sinngehalt ab. Dabei sind neben dem Empfängerhorizont die Gesamtheit aller Umstände zu berücksichtigen, zu denen auch der Sprachgebrauch bestimmter Bevölkerungsgruppen gehört.[248]

Ehrverletzende Äußerungen gegenüber Polizeibeamten im Rahmen ihrer Dienstausübung können nach § 185 StGB strafbar sein. Dafür kommt es entscheidend darauf an, ob die Titulierung in erster Linie einer polizeilichen Maßnahme oder vor allem den handelnden Beamten selbst gilt bzw. zumindest auf eine abgrenzbare Gruppe von Polizisten bezogen werden kann.

Bezeichnet jemand das Vorgehen von Polizisten als „**SS-Methode**", so ist dies nicht notwendigerweise als Beleidigung strafbar.[249] Gleiches gilt für die Abkürzung „**A.C.A.B.**" („all cops are bastards").[250] Keine Beleidigung soll etwa die Bezeichnung eines Polizeibeamten als „Homosexueller" sein.[251]

Nach der Rechtsprechung sind beispielsweise folgende Bezeichnungen **strafbar**:

---

248 *OLG Stuttgart*, NStZ-RR 2009, 50 m. w. N.

249 *OLG Frankfurt a.M.*, NStZ-RR 2012, 244 = Kriminalistik 2013, 53 f.; anders noch *LG Hechingen*, NJW 1984, 1766 zum polizeilichen Tätigwerden als „Gestapo-Methoden".

250 Verneinend, z. B. *OLG Nürnberg*, NStZ 2013, 593 = Kriminalistik 2013, 104; *OLG München*, NJW-Spezial 2014, 90 = Kriminalistik 2014, 241; bejahend, siehe etwa *OLG Karlsruhe*, NJW-Spezial 2012, 729 = Kriminalistik 2014, 104. Nach Auffassung des *OLG Frankfurt a.M.*, NStZ-RR 2018, 310, können beleidigende Aussagen wie „A.C.A.B." und alle damit einhergehenden Synonyme, da diese Aussagen auch „grob ungehörige Handlungen" darstellen, grundsätzlich nach § 118 OWiG verfolgt werden, wenn eine anderweitige Sanktionierung (sicher) ausgeschlossen ist. Nach Ansicht des *OLG Rostock*, NStZ 2018, 539, ist das Aufhängen eines Banners mit dem Schriftzug „A.C.A.B." am Tribünenrand des Stadions in Anwesenheit von Polizeibeamten während eines Fußballspiels straflose Kollektivbeleidigung und unterfällt auch nicht § 118 OWiG.

251 *LG Tübingen*, NStZ-RR 2013, 10. – Anders zu beurteilen sind Äußerungen, die eine zusätzliche Herabwürdigung ausdrücken wie etwa „Schwuchtel".

- „**Bulle**“[252],
- „**Scheißbulle**“[253],
- „**Clown**“[254],
- das „**Götz-Zitat**“[255],
- Grenzschutzbeamte als „**Menschenjäger**“[256] oder
- Zivilbeamte als „**Spitzel**“[257].

Strafbar ist auch das gut sichtbare Tragen eines Pullovers mit dem Aufdruck **„FCK BFE“** („Fuck Beweissicherungs- und Festnahmeeinheit“) unter der Jacke anlässlich einer Demonstration, wenn Angehörige der örtlichen Beweissicherungs- und Festnahmeeinheit anwesend sind, und dies dem Täter bewusst ist.[258]

Eine **Schmerzensgeldanspruch** begründende Beleidigung von Polizeibeamten kommt nur ausnahmsweise in Betracht.

Die Rechtsprechung beurteilt **Beschimpfungen** wie „Scheiß Bullenschwein“, „Dummes Arschloch“ oder „Arschwichser“ als Verbalinjurien, die der Täter im Rahmen einer polizeilichen Diensthandlung äußert und sich auf die Amtsträgerschaft des Beleidigten beziehen. Solche Beleidigungen sollen für die eine Geldentschädigung rechtfertigende schwerwiegende Beeinträchtigung grundsätzlich nicht ausreichen.[259]

Nur schwerwiegende Verletzungen des allgemeinen Persönlichkeitsrechts (unter Würdigung von Anlass und Beweggrund des Handelnden sowie Intensität und Ausmaß der mit der Beleidigung einherge-

252 *KG*, JR 1984, 165; *BayObLG*, JR 1989, 72; *LG Regensburg*, NJW 2006, 629. A. A. *AG Bremen*, StV 2018, 452.

253 *OLG Oldenburg*, JR 1990, 127.

254 *KG*, NJW 2005, 2872.

255 *OLG Karlsruhe*, NStZ 2005, 158.

256 *OLG Hamm*, NStZ-RR 2007, 140.

257 *BayObLG*, NStZ 2005, 215.

258 *AG Göttingen*, Urt. v. 17.7.2018 – 39 Cs 32 Js 41752/17 (34/18), BeckRS 2018, 54861: Geldstrafe in Höhe von 15 Tagessätzen zu 40 Euro wegen Beleidigung, bestätigt durch *BVerfG*, DVBl 2021, 945.

259 *OLG Stuttgart*, NStZ-RR 2014, 285; siehe aber *LG Oldenburg*, NJW-RR 2013, 927: Der zum Tatzeitpunkt alkoholbedingt enthemmte Tatverdächtige (BAK 1,49 Promille) war wegen der Beleidigungen mit rechtskräftigem Strafbefehl des *AG Oldenburg* vom 27.12.2012 zu einer Geldstrafe von 800 Euro verurteilt worden.

henden Beeinträchtigungen), z. B. bei **Anspucken**[260] oder **wiederholten, besonders vulgären** und **ordinären Beleidigungen** einer **jungen Polizistin** während und nach einer Festnahme des Täters, die Ekel und Abscheu erregen, und einer körperlichen Beleidigung durch Anspucken durchaus vergleichbar sind, rechtfertigen eine Geldentschädigung, auch wenn keine längerfristigen psychischen Folgen eintreten.[261]

6. Rechtsfragen bei Strafverfolgungsmaßnahmen

6.1 Strafrechtliche Verantwortlichkeit von Ermittlungsorganen

Die sich für die Strafverfolgungsorgane aus §§ 152, 160 StPO ergebende Pflicht, bei Vorliegen zureichender tatsächlicher Anhaltspunkte ein Ermittlungsverfahren einzuleiten und durchzuführen, wird materiell-rechtlich durch den Straftatbestand der **Strafvereitelung im Amt** (§ 258a StGB) abgesichert. Es reicht, dass die Einleitung des Ermittlungsverfahrens verhindert oder für einen erheblichen Zeitraum hinausgezögert wird[262] oder einzelne belastende Umstände unterdrückt und hiermit auf eine zu Unrecht erfolgende mildere Sanktionierung hingewirkt wird.[263]

Beispiele:

Das sachlich und örtlich zuständige Strafverfolgungsorgan ermittelt nicht gegen einen Beschuldigten, den es – gegebenenfalls auch irrig – für schuldig hält.[264]

Der Polizeibeamte darf eine Strafanzeige bei bestehenden Zweifeln an ihrer Richtigkeit nicht aus dem Dienstgang entfernen.[265]

260 *LG Münster*, NJW-RR 2002, 1677 = Kriminalistik 2003, 208: Verurteilung zu Schmerzensgeld in Höhe von 250 Euro.

261 *AG Böblingen*, Urt. v. 16.11.2006 – 3 C 1899/06, BeckRS 2007, 04666: Verurteilung zu Geldstrafe in Höhe von 300 Euro.

262 *BGHSt* 15, 18, 22.

263 *BGH*, MDR 1956, 563; *BayObLG*, JZ 1961, 453.

264 *BGHSt* 15, 210, 213 f. [zu § 346 StGB a. F.] in Bezug auf einen StA.

265 Hier kommt eine Strafbarkeit gemäß §§ 258a, 22, 23 StGB in Betracht; vgl. *BGH*, JZ 1956, 769.

> Der Polizeibeamte spiegelt Teilnichtwissen vor, wenn er als Zeuge bei Ermittlungen gegen einen Polizeikollegen wegen Verdachts eines vorsätzlich begangenen Tötungsdelikts (Einsatz der Dienstwaffe bei Festnahmeversuch eine Person) bewusst vermeidet, tatsächliche Angaben zur Schussabgabe zu machen, um sich auf diese Weise seiner Verpflichtung, als Zeuge Aufklärungshilfe zum Nachteil dieses Kollegen zu leisten, zu entziehen, und nicht dazu beizutragen, diesen einer gerechten Strafe zuzuführen.[266]

Die Verpflichtung, nur dann tätig zu werden, wenn die Voraussetzungen hierfür gegeben sind, wird materiell-rechtlich durch den Straftatbestand der **Verfolgung Unschuldiger** (§ 344 StGB) geschützt. Erfasst werden zunächst die Fallgestaltungen, in denen die verfolgte Person unschuldig, d. h. aus materiell-rechtlichen Gründen nicht strafbar ist. Daneben kommt die Verwirklichung weiterer Straftatbestände in Betracht.

> **Beispiele:**
>
> Körperverletzung im Amt (§ 340 StGB).
>
> Aussageerpressung (§ 343 StGB).
>
> Verletzung von Dienstgeheimnissen (§ 203 Abs. 2 Nr. 1 StGB).
>
> Verletzung von Privatgeheimnissen (§ 203 Abs. 2 S. 2 StGB).
>
> Verwahrungsbruch (§ 133 StGB).

Die Nichtvornahme einer für die Fortdauer einer Freiheitsentziehung erforderlichen unverzüglichen Vorführung vor den Richter bzw. die für sie unverzügliche Herbeiführung einer richterlichen Entscheidung nach einer ohne richterliche Anordnung erfolgten Ingewahrsamnahme oder Festnahme, ist geeignet, für den verantwortlichen Polizeibeamten den Vorwurf der **Freiheitsberaubung durch Unterlassen** (§§ 239 Abs. 1 und 4, 13 StGB) zu begründen, auch wenn er

266 In diesem Fall prüfte das Tatgericht auch, ob die Auslassungen des Zeugen nicht auf eine dissoziative Störung in Form selektiver Erinnerungslücken nach dem als belastend empfundenen Festnahmeversuch zurückzuführen sind (selektive Amnesie); *LG Neuruppin*, Urt. v. 3.7.2010 – 11 Ks 321 Js 2/09, BeckRS 2011, 05209: Verurteilung von zwei Polizeibeamten wegen versuchter Strafvereitelung im Amt gemäß §§ 258, 258a Abs. 1 und 2; 22, 23 StGB zu einer Geldstrafe von 120 Tagessätzen zu je 90 Euro bzw. einer Geldstrafe von 120 Tagessätzen zu je 70 Euro.

an der freiheitsentziehenden Maßnahme nicht beteiligt war. Die Kausalität eines solchen Unterlassens entfällt jedenfalls dann, wenn mit an Sicherheit grenzender Wahrscheinlichkeit davon auszugehen ist, dass der zuständige Richter bei unverzüglicher Vorführung und rechtmäßiger Entscheidung – unter Ausschöpfung ihm zustehender Beurteilungsräume zugunsten des Polizeibeamten – die Fortdauer der Freiheitsentziehung angeordnet hätte.[267]

Exkurs:
Die Veranlassung erkanntermaßen **rechtswidriger Strafermittlungen** bzw. die Begehung **innerdienstlicher Straftaten**, z. B. Verfolgung Unschuldiger, führt bei einer **Ermittlungsperson der StA** disziplinarrechtlich zur **Verhängung der Höchstmaßnahme** (Entfernung aus dem Dienst), weil der betroffene Beamte damit im Kernbereich seiner Dienstpflichten versagt hat.[268]

6.2 Rechtsbehelfe gegen Ermittlungsmaßnahmen

Gegen polizeiliche Maßnahmen im Ermittlungsverfahren ist die **Aufsichtsbeschwerde** zulässig. Die **Dienstaufsichtsbeschwerde** richtet sich gegen das Verhalten des tätig gewordenen Beamten, über die dessen Dienstvorgesetzter entscheidet. Mit der **Sachaufsichtsbeschwerde** wendet sich der Betroffene gegen die Strafverfolgungsmaßnahme als solche, über die die StA entscheidet.[269] Unerheblich ist, ob die Maßnahme von einem Beamten des Polizeidienstes angeordnet oder durchgeführt wurde oder von einer ihrer Ermittlungspersonen.[270] Dies erklärt sich daraus, dass die StA die Verantwortung für das Ermittlungsverfahren trägt und ihr bezüglich durchgeführter Ermittlungshandlungen eine umfassende Kontrollfunktion zukommt.

267 *BGHSt* 59, 292. Der *BGH* hat das Urteil des *LG Magdeburg* gegen den für den Tod eines in Sierra Leone geborenen, in einer polizeilichen Gewahrsamszelle am 7.1.2005 verstorbenen Mannes verantwortlichen Dienstgruppenführer der Schutzpolizei wegen fahrlässiger Tötung (Geldstrafe von 120 Tagessätzen zu je 90 Euro) bestätigt.
268 *VGH München*, Urt. v. 15.5.2002 – 16 D 01 950, – juris, Rz 70.
269 *Soiné*, 131. Akt., § 163 StPO Rz 70 m. w. N.
270 A. a. O.

6.3 Amtshaftungsfragen

Das prozessordnungswidrige Verhalten eines Strafverfolgungsorgans kann **Amtshaftungsansprüche** nach Art. 34 GG, § 839 BGB auslösen. Der Ersatzanspruch als Rechtsfolge der **Amtspflichtverletzung** ist in der Regel auf **Geldersatz** gerichtet.[271]

Beispiele:

Bei der Verletzung eines Demonstrationsteilnehmers wegen des Fehlverhaltens eines anderen Demonstranten und einer unglücklichen Verkettung von Umständen durch den Biss eines Polizeihundes kommt wegen des immateriellen Schadens eine Entschädigung nach allgemeinen Aufopferungsgrundsätzen in Betracht.[272]

Bei dem gezielten Einsatz eines Polizeihundes, um durch Bissverletzungen die Festnahme eines Verdächtigen zu ermöglichen, obliegt im Amtshaftungsprozess dem beklagten Land die Beweislast, wenn streitig ist, ob mildere Mittel zur Festnahme ausreichend gewesen wären. Der Hundeführer muss den Polizeihund soweit beherrschen und kontrollieren, dass es normalerweise bei einem einzigen Hundebiss bleibt. Fügt der Polizeihund bei der Festnahme einem 14-jährigen Jugendlichen eine Vielzahl von Bissverletzungen zu, liegt in der Regel eine zumindest fahrlässige Amtspflichtverletzung des Polizeibeamten vor.[273]

Die bei **rechtmäßigem Handeln** eines Strafverfolgungsorgans entstehenden Schäden können Ansprüche aus dem gewohnheitsrechtlich anerkannten **enteignenden Eingriff** auslösen.

Beispiel:

Der Vermieter kann für Schäden, die bei einer rechtmäßigen polizeilichen Durchsuchung der Wohnung im Rahmen eines strafrechtlichen Ermittlungsverfahrens gegen den Mieter verursacht worden sind, grundsätzlich eine Entschädigung beanspruchen. Etwas anderes kann gelten, wenn der Vermieter weiß bzw. davon erfährt oder es sich ihm aufdrängen muss, dass die Wohnung für die Begehung von Straftaten, die Lagerung von Diebesgut

271 *BGHZ* 34, 99, 105.

272 *OLG Frankfurt a. M.*, NVwZ-RR 2014, 142: 300 Euro Entschädigung für eine 6 cm lange Fleischwunde. – Zur Haftungsnorm des § 839 BGB durch den Einsatz eines Polizeihundes, siehe *OLG Hamm*, NVwZ-RR 1997, 460.

273 *OLG Karlsruhe*, NVwZ-RR 2016, 45: 2500 Euro Schadensersatz und 130,49 Euro Erstattung vorgerichtlicher Anwaltskosten, jeweils nebst Zinsen.

oder von Drogen in nicht unerheblicher Menge benutzt wird oder benutzt werden soll, und er gleichwohl den Mietvertrag abschließt oder von einem Kündigungsrecht keinen Gebrauch macht.[274]

Schmerzensgeld wegen **polizeilichen Fehlverhaltens** kommt nur in Betracht, wenn die Beeinträchtigung des Persönlichkeitsrechts nicht in anderer Weise ausgeglichen werden kann und es sich um eine schwerwiegende Beeinträchtigung handelt.[275] Für Ansprüche aus Amtshaftung gilt die dreijährige Regelverjährungsfrist des § 195 BGB. Nach § 199 Abs. 1 BGB beginnt die Verjährungsfrist mit dem Schluss des Jahres zu laufen, in dem der Anspruch entstanden ist und der Gläubiger von den anspruchsbegründenden Umständen und der Person des Schuldners Kenntnis hat oder ohne grobe Fahrlässigkeit hätte erlangen können. Ein Rückgriff gegen das einzelne Strafverfolgungsorgan kommt bei **vorsätzlichem** oder **grob fahrlässigem Handeln** in Betracht.[276]

Schmerzensgeld kann auch für **Verletzungen bei rechtmäßigen Behördenmaßnahmen** in Frage kommen. So ist der allgemeine Aufopferungsanspruch wegen eines hoheitlichen Eingriffs in die körperliche Unversehrtheit nicht auf den Ersatz materieller Schäden begrenzt, sondern umfasst auch nichtvermögensrechtliche Nachteile des Betroffenen, z. B. bei einer Schulterverletzung im Rahmen einer Maßnahme zur Identitätsfeststellung gemäß § 163b Abs. 1 StPO.[277]

6.4 Polizeiliche Einsatzfahrten

6.4.1. Inanspruchnahme von Wegerechten und Sondersignalen

§ 35 Abs. 1 StVO befreit u. a. die Polizei, Vorschriften der Straßenverkehrsordnung einzuhalten, soweit das zur Erfüllung hoheitlicher Aufgaben dringend geboten ist, wozu auch die Strafverfolgung gehört (vgl. § 163 Abs. 1 StPO).

274 *BGHZ* 197, 43 = Kriminalistik 2014, 118.

275 *BGH*, NJW 1994, 1950, 1952 f.; *OLG Brandenburg*, NJW 1995, 886, 888; *OLG Düsseldorf*, NJW 2005, 1791, 1797 f.; *OLG Karlsruhe*, MDR 1981, 757, 758; *OLG Köln*, NJW 1987, 2682, 2684.

276 Vgl. § 48 BeamtStG i. V. m. den entsprechenden landesrechtlichen Bestimmungen.

277 *BGH*, NJW 2017, 3384.

Ausländische Polizeibeamte, die aufgrund völkerrechtlicher Vereinbarungen zur **Nacheile** im Inland berechtigt sind, können sich ebenfalls auf Sonderrechte berufen (§ 35 Abs. 1a StVO); es handelt sich hierbei um eine Folge der Umsetzung des Schengener Übereinkommens.

Sonderrechte dürfen nur unter gebührender Berücksichtigung der öffentlichen Sicherheit und Ordnung ausgeübt werden (§ 35 Abs. 8 StVO). § 35 StVO befreit nur von den Pflichten der Straßenverkehrsordnung, ändert jedoch nicht die Verkehrsregeln und -gebote.

Mit **blauem Blinklicht** allein kann die Polizei z. B. bei **Einsatzfahrten** warnen (§ 38 Abs. 2 StVO). Ein verkehrsrechtlicher Vorrang wird dadurch allerdings nicht begründet. Die Verwendung des **blauen Blinklichts zusammen mit dem Einsatzhorn** (§ 38 Abs. 1 S. 1 StVO) ist nur zulässig, wenn höchste Eile geboten ist, um etwa eine Gefahr für die öffentliche Sicherheit oder Ordnung abzuwenden oder flüchtige Personen zu verfolgen.[278] Nur die kombinierte Verwendung dieser optischen und akustischen Signale verpflichtet andere Verkehrsteilnehmer, sofort freie Bahn zu schaffen (§ 38 Abs. 1 S. 2 StVO) und räumt der Polizei damit ein **Verkehrsvorrecht** ein.

Exkurs:

Auch **Fahrten von Privatpersonen unter Einsatz von blauem Blinklicht** können zulässig sein. Dies erklärt sich aus der zunehmenden Privatisierung z. B. bei Krankentransporten, aber auch im Bereich von Bahn, Post, Schulen, Kliniken und Stadtwerken. Diese Fahrten können auch den Tatbestand einer **Amtsanmaßung** (§ 132 StGB) erfüllen. Erforderlich sind Feststellungen zu Zeit, Ort und Umständen der Fahrt, zu Art und Aussehen des Fahrzeugs, zu Form und Einsatzweise des blauen Blinklichts und zu den Auswirkungen des Einsatzes auf etwaige andere Verkehrsteilnehmer.[279] So reicht

278 Die Flucht vor der Polizei mit einem Kfz erfüllt nicht den Tatbestand des Widerstands gegen Vollstreckungsbeamte (§ 113 Ab. 1 StGB), auch wenn dabei andere Verkehrsteilnehmer behindert oder gefährdet werden; vgl. *BGH*, NStZ 2013, 336 = Kriminalistik 2013, 685. – Ein vor der Polizei mit einem Kfz Flüchtender, der auf einem Radweg einen Fußgänger verletzt, handelt nicht per se wegen der Gefährlichkeit seines Tuns mit Tötungswillen. Die Annahme eines bedingten Tötungsvorsatzes erfordert eine umfassende Würdigung aller Tatumstände; siehe *BGH*, VRS 140, 248.

279 *KG*, NStZ-RR 2013, 172.

für die Strafbarkeit wegen Amtsanmaßung (§ 132 2. Alt. StGB) aus, dass die Handlung objektiv als hoheitlich erscheint (Fahrt mit blauem Blinklicht auf Privatwagen) und deswegen mit einer rechtmäßigen Amtshandlung verwechselt werden kann. Der Annahme einer solchen Verwechslungsgefahr steht nicht entgegen, dass es sich nicht um eine Diensthandlung handelte.[280]

6.4.2. Herbeiführung eines „künstlichen" Staus

„Künstliche" Staus werden vor allem auf Autobahnen unter Verwendung von Polizeifahrzeugen durch Fahrtverlangsamung und Anhalten sämtlicher Verkehrsteilnehmer erzeugt. Dieses Vorgehen, das nur bei **schwerwiegenden Straftaten** unter besonderer Berücksichtigung des Grundsatzes der Verhältnismäßigkeit in Betracht kommt (z. B. Verfolgung und Festnahme flüchtiger Bankräuber oder Geiselnehmer), ist weder in der StPO noch in den Polizeigesetzen des Bundes und der Länder geregelt. Bei einer **erheblichen Gefährdung** von **Leben** oder **Gesundheit** polizeirechtlich **nicht verantwortlicher Personen** (z. B. wegen der in Betracht zu ziehenden Möglichkeit, dass die Verfolgten mit dem von ihnen benutzten Kfz versuchen werden, den Stau zu durchbrechen), ist die Maßnahme **objektiv pflichtwidrig** und **unrechtmäßig**.[281] Aufgrund ihres vorrangig präventiven Charakters (Selbstgefährdung des Festzunehmenden, Gefährdung eingesetzter Polizeikräfte und polizeirechtlich nicht verantwortlicher Personen) kann die Bildung eines „künstlichen" Staus auf der Grundlage der **polizeirechtlichen Generalklausel der Länder** erfolgen (echter polizeilicher Notstand und Inanspruchnahme von Nichtstörern), auch wenn der Flüchtende durch sein Verhalten weitere Straftatbestände verwirklicht (z. B. §§ 113, 315c StGB).[282] Das BKA kann bei eigener Zuständigkeit zur Strafverfolgung (§ 4 BKAG) die jeweils für die Gefahrenabwehr örtlich und sachlich zuständigen Landespolizeibehörden im Wege der Amtshilfe um Herbeiführung eines „künstlichen" Staus ersuchen.

280 *OLG Celle*, NStZ-RR 2014, 25.

281 *LG Bückeburg*, NStZ 2005, 695 = Kriminalistik 2005, 627.

282 Bei Bildung eines „künstlichen Staus" durch Polizeifahrzeuge zum Aufhalten eines Flüchtigen besteht ein Schadensersatzanspruch des durch einen Auffahrunfall geschädigten unbeteiligten Fahrzeughalters gegen den Halter der Polizeifahrzeuge, vgl. *OLG Bamberg*, NZV 2007, 241.

6.4.3. Strafbarkeits-, Haftungs- und Kostenfragen

Das **Heraustreten von Seitenscheiben** eines **Polizeidienstfahrzeuges** ist kein teilweises Zerstören eines Kfz der Polizei i. S. v. § 305a Abs. 1 Nr. 2 StGB, sondern nur eine **Sachbeschädigung** gemäß § 303 Abs. 1 StGB.[283] Die Strafverfolgung setzt einen Strafantrag nach § 303c StGB voraus.

Die bloße **Flucht** eines **Beschuldigten** mit einem **Kfz** (auch mit hoher Geschwindigkeit) vor der Polizei erfüllt nicht den Tatbestand des **Widerstands gegen Vollstreckungsbeamte** i. S. v. § 113 Abs. 1 StGB.[284]

Der **Halter** eines Kfz, der sich der **polizeilichen Festnahme** durch **Flucht** unter Verwendung seines Kfz entzieht, haftet unter dem Gesichtspunkt des Herausforderns sowohl nach § 823 Abs. 1 BGB als auch nach § 7 StVG für einen bei der **Verfolgung** eintretenden **Sachschaden** an den ihn verfolgenden Polizeifahrzeugen, wenn dieser Schaden auf der gesteigerten Gefahrenlage beruht und die Risiken der Verfolgung nicht außer Verhältnis zu deren Zweck stehen. Dies gilt auch in Fällen, in denen der **Fahrer** eines **Polizeifahrzeugs** zum Zweck der **Gefahrenabwehr** vorsätzlich eine Kollision mit dem fliehenden Fahrzeug herbeiführt, um es zum Anhalten zu zwingen.[285]

Die mit einem **Dienstfahrzeug der Polizei** in die Obhut schutzbereiter Dritter (z. B. Pflegeheim) beförderte **hilflose Person** hat die zur Abwendung der Gefahr für ihre Gesundheit verursachten Kosten zu tragen.[286]

Die **Gebührenerhebung für einen Polizeieinsatz** infolge des **Vortäuschens einer Gefahrenlage** setzt grundsätzlich eine **aktive Täuschungshandlung** voraus. Die unterlassene Benachrichtigung der Polizei über das Ende der Gefahrenlage löst eine Gebührenpflicht nicht aus, wenn keine Garantenpflicht zur Aufklärung besteht.[287]

283 *OLG Oldenburg*, NStZ-RR 2011, 338.
284 *BGH*, NStZ 2013, 336.
285 *BGH*, NJW 2012, 1951 = Kriminalistik 2012, 450.
286 *OVG Lüneburg*, NJW 2012, 1898. – Gleiches gilt für die Beförderung eines stark alkoholisierten Jugendlichen im Polizeifahrzeug zur Polizeistation, um ihn dort in die Obhut seiner Erziehungsberechtigten zu übergeben; *VG Braunschweig*, NJW 2013, 1384.
287 *OVG Lüneburg*, NVwZ-RR 2015, 483.

Exkurs:
Bei einer **mehrtägigen Dienstreise** mit notwendiger **Übernachtung** sind die unmittelbaren Wege zwischen Ort der Übernachtung und Bestimmungsort zum Dienstantritt und nach Dienstende Teil der Dienstreise. Auf diesen Wegen besteht **Dienstunfallschutz** nach § 31 Abs. 1 S. 2 Nr. 1 BeamtVG. Eine **kurzzeitige Unterbrechung** des unmittelbaren Wegs für eine **private Verrichtung** lässt den Dienstunfallschutz im allgemeinen Verkehrsraum nicht entfallen, z. B. bei Einkauf von Lebensmitteln oder anderen Gegenständen des täglichen Bedarfs auf dem unmittelbaren Weg vom Bestimmungsort der dienstlichen Tätigkeit zum Übernachtungshotel.[288]

7. Polizei und Massenmedien

Die Einordnung der zulässigen Vorgehensweise der Polizei gegen Medienvertreter bzw. deren Arbeit orientiert sich an drei verschiedenen Phasen, die sich aus der historischen Reihenfolge der Pressearbeit ergeben. In der ersten Phase, der **Informationsbeschaffung** bis zum **Fertigungsbeginn** des **Druckwerkes**, kann die Polizei mit polizeigesetzlichen und strafprozessualen Befugnissen in die Pressefreiheit eingreifen. In der zweiten Phase, in der das **Druckwerk** bereits **gefertigt** ist, sind lediglich strafprozessuale Rechtseingriffe zulässig. Da das Gefahrenabwehrrecht nicht einschlägig ist, kann von der Polizeifestigkeit dieser Phase gesprochen werden. Ergeben sich dagegen in der dritten Phase, dem **Vertrieb** des gefertigten **Druckwerkes**, Gefahren für die öffentliche Sicherheit oder Ordnung, die nicht aus dem Inhalt des Presseerzeugnisses folgen, wie z. B. das verkehrsgefährdende Verteilen von Flugblättern auf der Autobahn, sind ausschließlich gefahrenabwehrrechtliche Eingriffe der Polizei erlaubt.

In jedem Stadium polizeilichen Handelns, sei es präventiv, sei es repressiv, muss stets der Grundsatz der Verhältnismäßigkeit besonders beachtet werden. Beispielhaft sei hier auf die **Nachrichtensperre**, d. h. die ausnahmsweise Zurückhaltung von Informationen über aktuelle, spektakuläre Kriminalfälle (z. B. Entführungen, Geiselnahmen) durch die Polizei oder die StA gegenüber den Massenmedien (Presse, Hörfunk, Fernsehen) hingewiesen. Eine generelle Nachrichtensperre

288 *BVerwG*, NZV 2014, 333.

ist gemäß § 4 Abs. 3 der Landespressegesetze verboten. Zeitlich begrenzte Nachrichtensperren können aus kriminaltaktischen Gründen zulässig sein, wenn schwerwiegende Gründe, insbesondere der Schutz von Menschenleben, die Entscheidung rechtfertigen. Bei Verhängung einer vorrangig präventiven Zwecken dienenden Nachrichtensperre kann eine nachträgliche Dokumentation zur Kompensation erforderlich sein.[289]

Der **Auskunftsanspruch** der **Öffentlichkeit** und der **Medien** auf Information durch Staatsorgane ist verfassungsrechtlich verbürgt (Art. 5 GG) und für die **Bundesländer** in den **Landespressegesetzen** einfachgesetzlich anerkannt. Er verpflichtet grundsätzlich auch die Strafverfolgungsbehörden zur Erteilung von Auskünften.[290] Im Ermittlungsverfahren wird dieser Anspruch durch die StA als Herrin des Ermittlungsverfahrens erfüllt.[291] Diese Aufgabe obliegt in erster Linie den **Pressestellen** und **Pressereferenten** der **StA**. **Polizeidienststellen** bzw. – soweit vorhanden deren **Pressestellen** und **Pressereferenten** – sind nur dann für die (repressive) Öffentlichkeitsarbeit zuständig, wenn ihnen diese Kompetenz von der das Verfahren leitenden StA übertragen wurde.[292]

Der presserechtliche **Auskunftsanspruch** gegenüber **Bundesbehörden** (z. B. BKA, BPOL, Zollbehörden) kann nach gegenwärtiger Rechtslage nicht auf die Pressegesetze der Länder, sondern (nur) **unmittelbar** auf das Grundrecht der **Pressefreiheit** aus Art. 5 Abs. 1 S. 2 GG gestützt werden.[293]

Nach den nicht in allen Bundesländern deckungsgleichen Regelungen der Landespressegesetze sind **Auskünfte** zu **verweigern**, wenn Geheimhaltungsvorschriften einer Offenlegung entgegen stehen,

289 Vgl. zum Ganzen z. B. *Soiné/Prinz*, Polizei 2000, 8 ff., 47 ff., 88 ff.

290 *BVerfGE* 20, 162, 175 f.; *OLG Hamm*, NJW 2000, 1278, 1279.

291 Der GBA ist als Bundesbehörde nicht nach § 4 LPresseG Baden-Württemberg verpflichtet, Pressevertretern bestimmte Auskünfte zu erteilen, weil den Ländern insoweit die Gesetzgebungskompetenz fehlt. Ein presserechtlicher Auskunftsanspruch gegenüber dem GBA kann sich aber unmittelbar aus Art. 5 Abs. 2 GG ergeben; *VG Karlsruhe*, NVwZ-RR 2015, 884.

292 Zu Fehlern und Schwächen kriminalpolizeilicher Öffentlichkeitsarbeit, vgl. z. B. bereits *Soiné*, Polizei 1992, 39. – Zu den Grenzen der Öffentlichkeitsarbeit der Ermittlungsbehörden, siehe z. B. *Lehr*, NStZ 2009, 409.

293 *BVerwGE* 146, 56, in Bezug auf den BND.

wenn die Bekanntgabe öffentliche Interessen gefährden oder schädigen würde, wenn die sachgerechte Durchführung eines schwebenden Verfahrens vereitelt, erschwert, verzögert oder gefährdet werden könnte oder wenn die Offenlegung ein schutzwürdiges privates Interesse verletzen könnte.[294]

Beispiel:
Ein presserechtlicher Auskunftsanspruch über die Personalien eines Beamten, der einen sicherheitsrelevanten Polizeieinsatz veranlasst oder geleitet hat, kann entfallen, wenn daraus ein erhebliches Gefährdungspotenzial für den Betroffenen folgt.[295]

Voraussetzung für eine **Auskunftserteilung** ist, dass das Interesse der Öffentlichkeit und der Medien an der Information das Interesse der betroffenen Privatperson(en) und/oder der staatlichen Stelle(n) an der Nichtoffenlegung der in Frage stehenden Informationen überwiegt. Erforderlich ist eine umfassende **Abwägung** der betroffenen öffentlichen Interessen und der Belange der Betroffenen mit dem Interesse der Medien und der Öffentlichkeit an dieser Information.

Beispiele:
Eine sachliche und objektive Information der Presse über Ermittlungsverfahren gegen namentlich nicht genannte Polizeibeamte durch die StA kann im Einzelfall selbst dann zulässig sein, wenn auf Grund der geringen Größe der betroffenen Dienststelle eine Identifizierung der beschuldigten Beamten möglich ist.[296]

Auskunftsersuchen der Presse, die auf Mitteilung der Namen von Personen gerichtet sind, die in einem Gerichtsverfahren mitgewirkt haben (z. B. Polizeibeamte, Richter, Verteidiger), ist regelmäßig stattzugeben. Das Persönlichkeitsrecht dieser Personen muss hinter dem grundrechtlich geschützten Auskunftsinteresse der Presse zurückstehen.[297]

294 Vgl. § 4 Abs. 2 LPresseG Baden-Württemberg; § 4 Abs. 2 LPresseG Berlin; § 5 Abs. 2 LPresseG Brandenburg; § 4 Abs. 2 LPresseG Bremen; § 4 Abs. 2 LPresseG Hamburg; § 3 Abs. 1 LPresseG Hessen; § 4 Abs. 3 LPresseG Mecklenburg-Vorpommern; § 4 Abs. 2 LPresseG Niedersachsen; § 4 Abs. 2 LPresseG Nordrhein-Westfalen; § 6 Abs. 2 LMedienG Rheinland-Pfalz; § 5 Abs. 2 LMedienG Saarland; § 4 Abs. 2 LPresseG Sachsen-Anhalt; § 4 Abs. 2 LPresseG Thüringen.

295 *OVG Nordrhein-Westfalen*, DVBl 2012, 1113 = Kriminalistik 2013, 35.

296 *OVG Lüneburg*, NJW 2013, 1177.

297 *BVerwG*, NJW 2015, 807.

Belange der betroffenen Privatpersonen sowie die Geheimhaltungsinteressen öffentlicher Stellen schließen die Information der Medien und der Öffentlichkeit in der Regel nicht grundsätzlich aus. Sie können dazu führen, dass bestimmte Informationen zurückgehalten werden (Nachrichtensperre). Einschränkungen ergeben sich insbesondere im Hinblick auf die **Offenlegung** der **Identität** des **Beschuldigten** und sonstiger, vom Verfahren bzw. durch die Ermittlungen betroffener Personen. Eine **identifizierende Pressearbeit** der StA oder der von ihr beauftragten Polizeibehörde ist nur in Ausnahmefällen zulässig.

Beispiele:
Regelungen zur Öffentlichkeitsfahndung nach gesuchten Personen (§§ 131 Abs. 3–5 StPO, § 131a Abs. 3–5 StPO, §§ 131b, 131c StPO, § 457 StPO).

Insoweit gelten folgende Grundsätze, die auch bei der Presseberichterstattung zur Anwendung kommen.

Voraussetzungen für die **Identifizierung** einer **Person**:
- Ein Fall schwerer Kriminalität oder eine Straftat, die die Öffentlichkeit in besonderer Weise berührt[298] und
- Vorliegen eines „schweren“[299] bzw. „erheblichen“[300] Tatverdachts gegen die Person.

In der Regel wird eine identifizierende Pressearbeit während des **Ermittlungsverfahrens** nicht zu rechtfertigen sein,[301] allenfalls dann, wenn sich der Beschuldigte von sich aus aktiv an die Medien gewandt hat oder die Namensnennung im Ermittlungsverfahren Hinweise aus der Bevölkerung zur Verifizierung des Tatverdachts ermöglichen soll.[302] Eine Berichterstattung unter Namensnennung bei Geringfügigkeit des Tatvorwurfs soll jedoch auch geeignet sein, die Bedeutung der Persönlichkeitsrechtsverletzung zu mindern.[303] Während der

298 *BGHZ* 143, 199; *OVG Münster*, NJW 2021, 1691; *OLG Düsseldorf*, NJW 2005, 1791, 1799; *OLG Brandenburg*, NJW 1995, 886, 887 f.; *OLG Braunschweig*, NJW 1975, 651, 652 f.; *OLG Frankfurt*, NJW 1971, 47, 48; NJW 1980, 597, 598.
299 *BGHZ*, 143, 1999.
300 *OLG Braunschweig*, NJW 1975, 651, 652 f.
301 *BGH*, NJW 1994, 1950, 1952; *OLG Koblenz*, StV 1987, 430, 431.
302 *OLG Celle*, NJW 2004, 1461, 1462; *OLG Frankfurt*, NJW 1971, 47, 48 f.
303 *LG Offenburg*, BeckRS 2021, 17138 (Tatvorwurf: Nötigung gemäß § 240 StGB).

Hauptverhandlung ist eine identifizierende Pressearbeit zulässig, sobald der Name des Angeklagten z. B. durch Prozessberichterstattung in den Massenmedien bekannt geworden ist.[304]

StA und Polizei sind im Rahmen ihrer **Pressearbeit** an die Pflichten zur Objektivität und Wahrhaftigkeit gebunden. Für alle Ermittlungsbehörden gilt auch im Rahmen von Medieninformationen die **Unschuldsvermutung** aus Art. 6 Abs. 2 EMRK. Folglich darf bei Informationsübermittlungen an die Medien und die Öffentlichkeit nicht der unzutreffende Eindruck erweckt werden, der Betroffene (Tatverdächtige) sei bereits überführt (**Keine Bezeichnung des Beschuldigten als Täter!**). Unzulässig ist ferner eine bewusst einseitige oder verfälschte Darstellung des Ermittlungsstandes. So können vorverurteilende und sachlich falsche öffentliche Äußerungen der StA über einen Beschuldigten Schmerzensgeldansprüche wegen Persönlichkeitsrechtsverletzung begründen.[305] Der **Pressesprecher** der StA hat die für Erklärungen erforderlichen Informationen aus dem Ermittlungsverfahren heranzuziehen. Er kann sich auf diese auch verlassen und ist nicht verpflichtet, eigene Ermittlungen anzustellen, bevor er eine Pressemitteilung herausgibt.[306] Allerdings handelt der zuständige Bearbeiter der StA amtspflichtwidrig, wenn er der Presse die (Wieder-) Aufnahme eines Ermittlungsverfahrens mitteilt, ohne darauf hinzuweisen, dass in derselben Verfügung das Verfahren (z. B. wegen Verjährung) eingestellt worden ist. Dies gilt auch dann, wenn die entsprechende Mitteilung durch eine Anfrage seitens der Presse veranlasst ist.[307] Aus dem Gesichtspunkt des **fairen Verfahrens** heraus ist es geboten, den Beschuldigten bzw. die Verteidigung so rechtzeitig vor einer Information der Medien zu informieren, dass der Verteidiger unmittelbar im Anschluss an die Pressekonferenz angemessen auf Fragen der Medienvertreter reagieren kann.[308] Eine Pflichtverletzung kann auch darin liegen, dass die Presse vor dem Beschuldigten über bestimmte Schritte der Strafverfolgungsorgane informiert wird.[309]

---

304 *OLG Frankfurt*, NJW-RR 1990, 989, 990.

305 *LG Wiesbaden*, NJW 2015, 2975.

306 *OLG Hamm*, NJW-RR 2015, 936.

307 *LG Karlsruhe*, NJOZ 2007, 91.

308 *VGH Kassel*, NJW 2001, 3802; *VG Frankfurt*, StV 1997, 240, 241.

309 *LG Düsseldorf*, NJW 2003, 2536, 2538 f. mit ablehnender Besprechung *Becker-Toussaint*, NJW 2004, 414, 415 f.; *OLG Düsseldorf*, NJW 2005, 1791, 1800.

Auf die **Herausgabe** von **Tonbandaufzeichnungen** von **Notrufen**, die Bestandteil von Ermittlungsakten sind, hat die Presse nach dem IFG keinen Anspruch. Das Gesetz findet im Bereich der Strafverfolgungstätigkeit keine Anwendung.[310]

Für Streitigkeiten um die **Zulässigkeit** der **Pressearbeit** von **Strafverfolgungsbehörden** (StA, Polizeibehörden) besteht der Rechtsweg nach §§ 23 ff. EGGVG.[311] Gleiches gilt, sofern die Strafverfolgungsbehörden eine Auskunft verweigern.[312] Dabei beschränkt sich die gerichtliche Prüfung, die Rechtswidrigkeit der Pressearbeit festzustellen, darauf, ob die Strafverfolgungsbehörden von einem zutreffenden Sachverhalt ausgegangen sind, die Rechtsbegriffe des jeweiligen Landespressegesetzes bzw. Landesmediengesetzes zutreffend ausgelegt wurden und keine Ermessensfehler vorliegen.[313]

8. Das polizeiliche Intranet

Die Nutzung des polizeilichen Intranets, ein geschlossenes Datennetz der Polizei, dient dem Informationsaustausch zwischen den Polizeidienststellen als Basis für landesinterne polizeiliche DV-Anwendungen, zu Fahndungszwecken sowie für den Zugriff auf das Extrapol. Das polizeiliche Intranet ist ein **Datenbestand**, auf den ausschließlich Bedienstete der **Polizei** Zugriff haben und dem es damit an der Offenheit des Benutzerkreises fehlt.[314] Die **Einrichtung** eines häuslichen alternierenden **Telearbeitsplatzes** für Polizeibeamte mit der Möglichkeit der Nutzung eines polizeilichen IT-Systems ist unzulässig.[315] Die unbefugte **Weitergabe** von **Abfrageergebnissen** aus dem **polizeilichen Intranet** an Dritte verstößt gegen die Pflicht des Polizeibeamten zur **Amtsverschwiegenheit**. Als **Dienstvergehen** kann dies **disziplinarische Maßnahmen** (§ 77 BBG; § 47 BeamtStG) nach sich ziehen.

---

310 *VG Köln*, ZUM-RD 2014, 669.

311 *OLG Düsseldorf*, NJW 2005, 1791, 1803; *OLG Hamm*, NStZ 1995, 412, 413; *OLG Karlsruhe*, NJW 1995, 899; *OLG Koblenz*, StV 1987, 430 f.; *OLG Stuttgart*, NJW 2001, 3797.

312 *OVG Münster*, NJW 2001, 3799 f. A. A. *VG Berlin*, NJW 2001, 3799 f.

313 *OLG Stuttgart*, NJW 2001, 3797, 3798.

314 *LG Berlin*, Beschl. v. 17.12.2008, Az.: 501 Qs 208/08 –, juris.

315 *VG Berlin*, Urt. v. 14.1.2014 – VG 36 K 448.12, BeckRS 2014, 46376.

Die Rechtsprechung der Disziplinargerichte hat allein wegen pflichtwidriger **Weitergabe interner Informationen** durch Polizeibeamte, insbesondere über laufende Ermittlungsmaßnahmen, namentlich nach vorheriger Abfrage polizeilicher Informationssysteme, bisher noch nicht auf die Höchstmaßnahme (Entfernung aus dem Beamtenverhältnis) erkannt,[316] diese jedoch dann regelmäßig ausgesprochen, wenn weitere erhebliche Pflichtverstöße, insbesondere Straftaten im Amt (insbesondere Bestechlichkeit[317]) oder sonstige erschwerende Umstände hinzutraten.[318] Zur **Entfernung aus dem Beamtenverhältnis** führen besonders schwerwiegende Verletzungen des persönlichen Lebens- und Geheimbereiches, wegen der Sensibilität der Erkenntnisse oder Daten (z. B. solche des höchstpersönlichen Bereichs), wegen der Art des Zugriffs (etwa bei Überwindung besonderer Sicherheitsvorkehrungen)[319] oder in Verbindung mit weiteren Dienstpflichtverletzungen (Drogenbesitz, Entwendung mit Drogenkonsum in Verbindung stehender Utensilien auf der Dienststelle).[320]

Darüber hinaus können derartige Verstöße **strafrechtlich** und **datenschutzrechtlich** verfolgt werden.

Beispiele:

Einträge in polizeiliche Informationssysteme sind Geheimnisse i. S. v. § 353b Abs. 1 StGB.[321] Auch Negativauskünfte über fehlende Einträge in diesen Datensammlungen sind geheimhaltungsbedürftig, da auch sie nachteilige Auswirkungen auf die polizeiliche Aufgabenerfüllung haben können, z. B. durch Minimierung des Kontrolldrucks, wie er im Rotlicht-Milieu durch verstärkte Kontrolltätigkeit der Polizei zur Bekämpfung des Auf- und Ausbaus organisierter krimineller Strukturen gezielt erzeugt wird.[322]

Als (konkrete) Gefährdung wichtiger öffentlicher Interessen i. S. v. § 353b Abs. 1 StGB kann eine mittelbare Gefährdung ausreichen, die darin be-

316 *BVerwGE* 148, 192; *VG München*, Urt. v. 4.9.2012 – M 13 DK 11.5161 –, juris: Zurückstufung eines Kriminalhauptkommissars (A 12) in das Amt eines Kriminalhauptkommissars (A 11).

317 *BVerwGE* 146, 98.

318 *VG Trier*, Disziplinarkammer, Beschl. v. 20.7.2010 – 3 L 329/10.TR.

319 *BVerwGE* 148, 192.

320 *VG Regensburg*, 10A. Kammer, Urt. v. 24.8.2020 – RN 10A DK 19 412 –, juris.

321 *BGH*, NStZ-RR 2013, 110.

322 *BGHSt* 46, 339, 340 f., 344; *BGH*, NStZ-RR 2013, 110, 112 = Kriminalistik 2013, 234 f.

steht, dass durch die Offenbarung der polizeiinternen Daten das Vertrauen der Öffentlichkeit in die Integrität staatlicher Stellen beeinträchtigt ist. Zur Klärung der Frage, ob eine solche Gefährdung gegeben ist, bedarf es einer Gesamtabwägung im Einzelfall, bei der Inhalt und Umfang der geheimhaltungsbedürftigen Daten, deren in Aussicht genommene Verwendung und die Person des Amtsträgers Berücksichtigung finden; so kann u. a. von Bedeutung sein, ob die Daten einem größeren Personenkreis zugänglich gemacht werden.[323]

Die über das Zentrales Verkehrsinformationssystem (ZEVIS)[324] zugänglichen Halterdaten sind keine durch § 353b StGB geschützten Geheimnisse. Hierbei handelt es sich nur um die gemäß § 33 Abs. 1 StVG im Zentralen Fahrzeugregister gespeicherten Halterdaten, die im Rahmen einer einfachen Registerauskunft nach § 39 Abs. 1 StVG jedermann zu den gesetzlich genannten Zwecken übermittelt werden dürfen.[325] In Betracht kommt eine Strafbarkeit wegen Verletzung von Privatgeheimnissen nach § 203 Abs. 2 S. 2 StGB. Die Verfolgung setzt einen Strafantrag gemäß § 205 Abs. 1 StGB voraus. Antragsberechtigt als Verletzter i. S. v. § 77 Abs. 1 StGB ist nur der einzelne Kraftfahrzeughalter, dessen Daten der Täter unbefugt weitergegeben hat.[326]

Die Weitergabe von Daten aus einem Einwohnerinformationssystem verletzt ebenfalls nicht den Tatbestand der Verletzung von Dienstgeheimnissen gemäß § 353b Abs. 1 StGB. Diese Daten können im Rahmen einer einfachen Melderegisterauskunft nach § 21 Abs. 1 MRRG auf Antrag jedem Anfragenden mitgeteilt werden. Sie sind offenkundig und damit keine Geheimnisse.[327]

Die Abfrage von in einem polizeilichen Abfragesystem gespeicherten Daten mit Informationen über laufende Ermittlungen ohne dienstliche Veranlassung stellt den Ordnungswidrigkeitentatbestand des unbefugten Abrufs geschützter personenbezogener Daten dar. Der Tatbestand ist bereits mit Ausführung der Anfrage vollendet; darauf, ob der Abruf auch zu einer Verschaffung geschützter personenbezogener Daten geführt hat, kommt es nicht an.[328]

323 *BGH*, NStZ-RR 2013, 112 = Kriminalistik 2013, 234 f.

324 Ausführlich dazu unter Gliederungspunkt X. 6.

325 *BGH*, NStZ-RR 2013, 110, 112 = Kriminalistik 2013, 234 f.

326 *BGHSt* 48, 28, 33; *BGH*, NStZ-RR 2013, 110, 112 = Kriminalistik 2013, 234 f.

327 *BGH*, NStZ 2000, 596, 597; *BGH*, NStZ-RR 2013, 110, 112 = Kriminalistik 2013, 234 f.

328 *OLG Bamberg*, NStZ-RR 2011, 27: Verurteilung des Täters wegen vorsätzlichen Abrufs geschützter personenbezogener nicht offenkundiger Daten in 2 Fällen, davon in einem Fall in 3 rechtlich zusammentreffenden Fällen zu 2 Geldbußen in Höhe von jeweils 300 Euro.

9. Zusammenarbeit von Polizei und Nachrichtendiensten

Nachrichtendienste sind staatliche Organisationen, deren Aufgabe in der offenen und heimlichen (verdeckten) Beschaffung und Auswertung sicherheitsrelevanter Informationen besteht (Bundesamt für Verfassungsschutz, Bundesnachrichtendienst, Militärischer Abschirmdienst; Verfassungsschutzbehörden der Länder). Die Behörden können – soweit sie gesetzlich befugt sind – auch ohne umgehende Unterrichtung der Strafverfolgungsbehörden Informationen über tatverdächtige Personen sammeln und auswerten, um z. B. Schlüsselfiguren in einer kriminellen, extremistischen oder terroristischen Organisation festzustellen. Aufgrund des **Opportunitätsprinzips** dürfen sie auch langfristig angelegte Operationen durchführen, die nicht auf Ermittlungsverfahren wegen bestimmter Delikte gegen einzelne Personen abzielen. Da die Nachrichtendienste ausschließlich in den Grenzen ihres eigenen Rechts tätig werden, entsteht auch keine Konkurrenzsituation im Verhältnis zu den Strafverfolgungsbehörden.[329]

Im Rahmen ihrer gesetzlichen Zuständigkeiten sind die Nachrichtendienste zur **Überwachung** und **Aufzeichnung** der **Telekommunikation** sowie zum **Öffnen** und **Einsehen** von dem **Brief-** oder **Postgeheimnis** unterliegenden **Sendungen** befugt (§ 1 G 10). Das Parlamentarische Kontrollgremium ist für die Kontrolle der Nachrichtendienste des Bundes zuständig und überwacht das BfV, den BND und den MAD. Das Unabhängige Gremium unterrichtet das Parlamentarische Kontrollgremium über seine Kontrolltätigkeit bezüglich der strategischen Ausland-Fernmeldeaufklärung des BND (§§ 19–62 BNDG).[330] Die Kontrolle der Verfassungsschutzbehörden der Länder erfolgt über parlamentarische Kontrollkommissionen der Länder und die nach dem Gesetz zu Art. 10 GG vorgeschriebenen Kontrollorgane.

Aufgrund des **Trennungsgebots** müssen Polizei und Nachrichtendienste organisatorisch und funktionell getrennt bleiben. Die **organisatorische Trennung** wird in den Nachrichtendienstgesetzen überwie-

329 Vgl. z. B. *Soiné*, ZRP 2008, 108, 111.

330 Zu früheren Regelungen der Ausland-Ausland-Fernmeldeaufklärung des BND, siehe z. B. *Karl/Soiné*, NJW 2017, 919.

gend durch das ausdrückliche Verbot einer gegenseitigen Angliederung von Nachrichtendiensten und Polizeibehörden zum Ausdruck gebracht. Vereinzelte, ähnlich lautende Vorschriften bestimmen, dass die für den Verfassungsschutz zuständige Abteilung ihre Aufgaben gesondert von der für die Polizei zuständigen Abteilung wahrnimmt. Die **funktionale Trennung** von Nachrichtendiensten und Polizeibehörden ist ebenfalls einfachgesetzlich geregelt: **Polizeiliche Befugnisse** stehen den Verfassungsschutzbehörden, dem Bundesnachrichtendienst und dem Militärischen Abschirmdienst nicht zu. Diese Behörden dürfen die Polizei auch nicht im Wege der **Amtshilfe** gemäß §§ 4 ff. VwVfG um Maßnahmen ersuchen, zu denen sie selbst nicht befugt sind. Der Begriff Polizeiliche Befugnisse bezieht sich auf die Zwangs- bzw. Exekutivbefugnisse der Vollzugspolizei, vor allem die klassischen Standardbefugnisse sowie die Ermächtigungsgrundlagen zur zwangsweisen Durchsetzung von Verwaltungsakten im Wege der Verwaltungsvollstreckung. Die Amtshilfevorschriften, die nicht zu Eingriffen in die Rechte von Bürgern ermächtigen, regeln lediglich Pflichten der Behörden untereinander.[331]

Die **Zusammenarbeit** von **Polizei** und **Nachrichtendiensten** bezieht sich in erster Linie auf die **Übermittlung** von **Informationen** und **personenbezogenen Daten**. Die Zulässigkeit und Grenzen der Datenübermittlung von Nachrichtendiensten an Polizeibehörden ist in den Nachrichtendienstgesetzen geregelt.[332]

Bei Verdacht einer in § 138 StGB bezeichneten Straftat besteht für jedermann, auch für die Mitarbeiter der Nachrichtendienste, eine strafbewehrte **Pflicht** zur **Anzeigeerstattung**.[333] Die Erteilung von Auskünften aus Akten eines laufenden oder abgeschlossenen Strafverfahrens durch Gerichte, StA'en und die Polizei an die Nachrichtendienste richtet sich nach den in § 474 Abs. 2 S. 2 StPO in Bezug genommenen Bestimmungen.

---

331 Vgl. *Soiné*, DÖV 2006, 204, 205; *ders.*, NStZ 2007, 247, 248; zum Trennungsgebot, siehe z. B. auch *Wolff*, DÖV 2009, 597, 601 f.; *Lisken/Denninger*-Bergemann, H Rz 9 ff.; *Rehbein*, S. 94 ff.

332 Vgl. *Lisken/Denninger*-Bergemann, H Rz 125 ff.; *Rehbein*, S. 114 ff.

333 Siehe *Soiné*, ZRP 2008, 108, 111.

Mit dem Gesetz zur Errichtung gemeinsamer Dateien von Polizeibehörden und Nachrichtendiensten des Bundes und der Länder (Gemeinsame-Dateien-Gesetz)[334] wurden u. a. die Voraussetzungen geschaffen, mit der **Antiterrordatei** (ATD) zwischen Nachrichtendiensten und Polizeibehörden eine **Verbunddatei** einzurichten. Neben der ATD wurde zugleich der Grundstein für gemeinsame Projektdateien gelegt (§ 22a BVerfSchG; § 12 BNDG).

334 Gemeinsame-Dateien-Gesetz – GDG vom 22.12.2006, BGBl. I 2006 S. 3409.

X. Polizeilich genutzte Dateien und Informationssysteme für die Strafverfolgung

Die Ermittlungsbehörden können im Rahmen der Strafverfolgung unterschiedliche Dateien und Informationssysteme nutzen, die von den Polizeibehörden oder anderen Behörden errichtet worden sind und gepflegt werden.

1. Die Antiterrordatei

Die **ATD** ist eine gemeinsame **Datenbank** deutscher **Sicherheitsbehörden** zur **Abwehr terroristischer Gefahren**. Mit dem Gemeinsame-Dateien-Gesetz wurde gemäß Art. 1 GDG das Gesetz zur Errichtung einer standardisierten zentralen ATD von Polizeibehörden und Nachrichtendiensten von Bund und Ländern (Antiterrordateigesetz – ATDG) erlassen.[335]

Das ATDG[336] sieht neben der Einrichtung gemeinsamer Projektdateien von Polizei und Nachrichtendiensten die Errichtung einer ATD vor. Die beteiligten Behörden sind das BKA, das BPOLP, die 16 LKÄ, das BfV, die 16 LfV, der MAD, der BND sowie das ZKA.

Gemäß § 1 Abs. 1 ATDG werden diese Behörden und nach § 1 Abs. 2 ATDG gegebenenfalls weitere Polizeivollzugsbehörden dazu verpflichtet, einzelne Erkenntnisse zu relevanten Personen und Objekten, über die eine beteiligte Behörde bereits verfügt und die bei einer entsprechenden Verknüpfung mit den Erkenntnissen anderer beteiligter Behörden zur Terrorismusbekämpfung beitragen können, zu speichern (§ 2 ATDG). Bei einem Datenabruf zeigt die ATD der abfragenden Stelle die zur Identifizierung einer bestimmten Person oder eines bestimmten Objekts notwendigen **Grunddaten** (§ 3 Abs. 1 Nr. 1a ATDG), wie Name(n), Geschlecht, Geburtsdatum, -ort, -staat,

---

335 ATDG, abgedruckt u. a. bei *Soiné* als Anhang N.

336 Das ATDG wurde zuletzt geändert durch Art. 2 Abs. 1 des Gesetzes zur Neustrukturierung des ZFdG vom 30.3.2021 (BGBl. I 2021 S. 402).

Staatsangehörigkeit(en), Anschriften, besondere sprachliche und körperliche Merkmale sowie Lichtbilder, im Volltext an (§ 5 Abs. 1 S. 2 ATDG). Hingegen sind die sog. **erweiterten Grunddaten** (§ 3 Abs. 1 Nr. 1b ATDG), wie Telekommunikations- und Bankverbindungen, Familienstand, Volkszugehörigkeit, Angaben über Ausbildung und Fähigkeiten, Besuch bestimmter Orte oder Gebiete sowie Kontaktpersonen, die ihrer Art nach sensiblere Daten darstellen und in ihrer Gesamtheit eine Erstbewertung im Sinne einer Gefährdungseinschätzung zulassen, bei der ersten Abfrage nicht sichtbar. Insoweit enthält die ATD lediglich Indizes, bei welcher Behörde weitere Informationen eingeholt werden können. Erweiterte Grunddaten werden der abfragenden Stelle erst auf Nachfrage bei der speichernden Behörde (§ 5 Abs. 1 S. 3 und S. 4 ATDG) oder im Eilfall zur Abwehr einer gegenwärtigen Gefahr für bestimmte Rechtsgüter (§ 5 Abs. 2 ATDG) angezeigt. Die ATD ist als Verschlusssache „VS-Geheim" eingestuft. Die weitere Verwendung der Daten bestimmt sich nach § 6 ATDG, die erweiterte Datennutzung ist in § 6a ATDG,[337] die Übermittlung von Erkenntnissen in § 7 ATDG und die Berichtigung, Löschung und Sperrung von Daten in § 11 ATDG geregelt. Die Hardware für diese Datei (Datenbankserver) ist beim BKA installiert.

2. Das Ausländerzentralregister

Das **AZR** ist ein **automatisiertes Verzeichnis** zur **Erfassung** bestimmter **Personengruppen** von **Ausländern** in Deutschland. Die Rechtsgrundlage für das 1953 eingerichtete AZR ist das Gesetz über das Ausländerzentralregister (AZRG) vom 2. September 1994.[338] Von Bedeutung ist ferner die aufgrund von § 40 Abs. 1 AZRG vom Bundesministerium des Innern, für Bau und Heimat erlassene Durchführungsverordnung (AZRG-DV) vom 17. Mai 1995.[339]

337 § 6a Abs. 2 S. 1 ist gemäß Beschluss des *BVerfG* vom 10.11.2020 (BGBl. I 2021 S. 217) mit Art. 2 Abs. 1 i. V. m. Art. 1 Abs. 1 GG unvereinbar und nichtig.

338 BGBl. I 1994 S. 2265, zuletzt geändert durch Art. 1, 8 des Gesetzes zur Weiterentwicklung des Ausländerzentralregisters vom 9.7.2021 (BGBl. I 2021 S. 2467).

339 BGBl. I 1995 S. 695.

Das Gesetz über das AZR bestimmt in Kap. 1 die Registerbehörde sowie Bestandteile und Zweck des Registers. Gemäß § 1 Abs. 1 S. 1 AZRG wird das AZR vom **Bundesamt für Migration und Flüchtlinge** (Registerbehörde) geführt. Das BVA verarbeitet und nutzt die Daten im Auftrag und nach Weisung des Bundesamtes für Migration und Flüchtlinge, soweit die Behörde die Daten nicht selbst verarbeitet und nutzt (§ 1 Abs. 1 S. 2 AZRG). Das AZR besteht aus einem allgemeinen Datenbestand und einer gesondert geführten Visadatei (§ 1 Abs. 1 S. 3 AZRG).

Im **allgemeinen Datenbestand** (Kap. 2, §§ 2–27 AZRG) werden Daten von Ausländern gespeichert, die nicht nur vorübergehend ihren Aufenthalt in Deutschland haben. Die Anlässe der Speicherung sind in § 2 AZRG benannt, und § 3 Nr. 1–8 AZRG bestimmt die gespeicherten personenbezogenen Daten eines Ausländers. Die Datenübermittlung regeln u. a. § 15 AZRG (Ausländerbehörden, Bundesamt für Migration und Flüchtlinge, Polizeibehörden, StA'en, Luftsicherheitsbehörden, atomrechtliche Genehmigungs- und Aufsichtsbehörden oberste Bundes- und Landesbehörden sowie das Bundesamt für Justiz), § 16 AZRG (Gerichte), § 17 AZRG (ZKA), § 17a AZRG (Zentralstelle für Finanztransaktionsuntersuchungen), § 18 AZRG (Bundesagentur für Arbeit, Behörden der Zollverwaltung), § 18a AZRG (Träger der Sozialhilfe und für die Durchführung des Asylbewerberleistungsgesetzes zuständige Stellen), § 18b AZRG (Bundesagentur für Arbeit und für die Durchführung der Grundsicherung für Arbeitssuchende zuständige Stellen), § 18c AZRG (für den öffentlichen Gesundheitsdienst zuständige Stellen), § 18d AZRG (Jugendämter), § 18e AZRG (Meldebehörden) und § 20 AZRG (Verfassungsschutzbehörden, Militärischer Abschirmdienst, Bundesnachrichtendienst).

In der **Visadatei** (Kap. 3, §§ 28–33 AZRG) werden die Daten von Ausländern gespeichert, die ein Visum beantragt haben. Die Visadatei enthält im Wesentlichen Angaben zur Person des Visumantragstellers und über die zuständige Auslandsvertretung. Darüber hinaus führen die deutschen Auslandsvertretungen eigenständige Visadateien über die von ihnen erteilten Sichtvermerke (Visa und Transitvisa).

3. Die DNA-Analyse-Datei

Die **DAD** ist eine am 17. April 1998 eingerichtete **Verbunddatei** aller deutschen Länder und des Bundes, die vom BKA zentral betrieben wird. In der DAD werden **DNS-Identifizierungsmuster** sowie das **Geschlecht** (sog. **Personendatensätze**) von **Beschuldigten** und **Verurteilten** einer **Straftat von erheblicher Bedeutung** oder einer **Straftat gegen die sexuelle Selbstbestimmung** registriert, wenn wegen der Art oder Ausführung der Tat, der Persönlichkeit des Beschuldigten oder sonstiger Erkenntnisse Grund zu der Annahme besteht, dass gegen diese Person künftig Strafverfahren wegen einer Straftat von erheblicher Bedeutung zu führen sind. Dabei kann die **wiederholte Begehung** sonstiger Straftaten im Unrechtsgehalt einer Straftat von erheblicher Bedeutung gleichstehen. Gespeichert werden ferner DNS-Identifizierungsmuster von **Tatortspuren**, deren Verursacher bislang nicht identifiziert werden konnten (sog. **Spurendatensätze**). Im Regelfall werden die bei den LKÄ eingerichteten Laboratorien damit beauftragt, die Untersuchungen durchzuführen (DNS-Analyse) und die festgestellten Merkmale der DAD zur Verfügung zu stellen. Die Speicherung von DNS-Identifizierungsmustern ist verfassungskonform, wenn das DNS-Material ausschließlich zum Zweck der Identitätsfeststellung im Strafverfahren gewonnen und gespeichert wurde.[340]

Die Daten dürfen gemäß § 81g Abs. 5 S. 3 StPO nur für Zwecke des **Strafverfahrens**, der **Gefahrenabwehr** und der **internationalen Rechtshilfe** übermittelt werden.

Bei schweren Straftaten nach § 81h StPO sind **Reihen-Gentests** von Personen mit Prüfungsmerkmalen, die auf den Täter zutreffen, und der **automatisierte Abgleich** ihrer DNS-Identifizierungsmuster mit denen von Spurenmaterial in der DAD zulässig. Gemäß § 81g Abs. 5 S. 2 Nr. 1 StPO dürfen die im laufenden Ermittlungsverfahren nach § 81e Abs. 1 StPO erhobenen Daten eines Beschuldigten unter den Voraussetzungen des § 81g Abs. 1 StPO in der DAD gespeichert und verwendet werden (sog. **Umwidmungsfälle**); nach § 81g Abs. 5 S. 2 Nr. 2 StPO gilt das Gleiche für untersuchtes Spurenmaterial (**Spurendaten**).

340 *BVerfGE* 103, 21 = Kriminalistik 2001, 178.

Die DAD ermöglicht durch automatisierten Abgleich neu eingestellter Datensätze mit dem vorhandenen Datenbestand die Identifizierung von Spurenverursachern (**Spur-Person-Treffer**), den Ausschluss Unschuldiger, das Erkennen von Tatzusammenhängen (**Spur-Spur-Treffer**) und das Erkennen von Wiederholungstätern (**Person-Person-Treffer**). Die Verwaltung der Daten (Dateneingabe, Datenübermittlung, Sperrung, Speicherungsdauer, Löschung, Verwendungsnachweis) erfolgt nach einer auf Grundlage des BKAG erlassenen Errichtungsanordnung. Die Aussonderungsprüffristen nach § 75 Abs. 3 BDSG dürfen bei im Informationssystem des BKA verarbeiteten personenbezogenen Daten bei **Erwachsenen zehn Jahre** und bei **Jugendlichen fünf Jahre** nicht überschreiten, wobei nach dem Zweck der Speicherung sowie nach Art und Schwere des Sachverhalts zu unterscheiden ist (§ 77 Abs. 1 S. 2 BKAG).

Der Prümer Vertrag[341] über die Vertiefung der grenzüberschreitenden Zusammenarbeit sieht vor, dass Polizeibehörden u. a. auf molekulargenetische Daten der anderen Vertragsstaaten – in Deutschland der Datenbestand der DAD beim BKA – zugreifen können. Für den grenzüberschreitenden automatisierten Abruf oder Abgleich von DNS-Identifizierungsmustern in der EU ergänzt § 3 des Ausführungsgesetzes zum Prümer Vertrag und zum Ratsbeschluss Prüm das BKAG. Der Zugriff erfolgt bei DNS- und Fingerabdruckdaten auf anonymisierte Indexdatenbanken im sog. **Hit-/no-hit-Verfahren**, bei dem im Trefferfall eine Kennziffer für weitere Anfragen übermittelt wird, die im Wege der Rechtshilfe zu stellen sind.[342]

4. Das Informationssystem der Polizei

Das **INPOL** ist ein seit 1972 vom **BKA** unterhaltenes, einheitliches **Informationssystem**, insbesondere zur Unterstützung vollzugspolizeilicher Aufgaben. Es wird als **Verbundsystem** geführt und als **Informationsverbund** bezeichnet. Das INPOL ist vom Informationssystem des BKA zu unterscheiden, auf das die sonstigen Polizeien des Bundes oder der Länder grundsätzlich keinen Zugriff haben. Derzeit wird

341 Siehe unter Gliederungspunkt XI. 14.
342 BT-Drucks. 16/12585, S. 7.

das INPOL unter der Bezeichnung „Programm Polizei 2020“ grundlegend überarbeitet.[343] Da die Verwirklichung der neuen INPOL-Architektur mehrere Jahre beanspruchen wird, darf übergangsweise die Informationsweiterverarbeitung auf der Grundlage des bisherigen Systems fortgeführt werden.

Das INPOL (Version 8) besteht aus einer Fülle von Subsystemen, insbesondere aus den beiden Bereichen **INPOL-Z** (zentral) beim BKA und dem von den Landespolizeien betriebenen **INPOL-L** (Land). In der Übergangsphase werden beim BKA noch einige **Verbunddateien**, beispielsweise der **Kriminalaktennachweis** (KAN), **Zentraldateien**, wie AFIS-A (Asyl), und **Amtsdateien**, etwa INPOL-Fall-Lagefalldateien, geführt. Die im INPOL gespeicherten Informationen können aufgrund der sog. Verbundrelevanz bislang nur begrenzt bundesweit weiterverarbeitet werden. Die Zugangsberechtigung zu den einzelnen Dateien hängt von Geheimhaltungskriterien, der Funktion und dem Aufgabenfeld des anfragenden Beamten ab und wird durch die jeweilige Errichtungsanordnung präzisiert. Die einzelnen Polizeibeamten erhalten über eine Chipkarte oder einen PIN-Code, die individuell die Reichweite des Zugriffs festlegen, einen Zugang zum System.

Die bislang genutzte IT-Architektur bei den Polizeien des Bundes und der Länder ist stark heterogen. Die erforderlichen Daten werden nicht flächendeckend nach gleichen Standards erhoben und weiterverarbeitet. Teilweise fehlende Schnittstellen bedingen eine Mehrfacherfassung, die fehleranfällig und weder effektiv noch effizient ist. Daher soll künftig eine zentrale Datenhaltung für die deutschen Sicherheitsbehörden beim BKA erfolgen. Für die Novellierung von INPOL sind knapp eine Milliarde Euro veranschlagt.

Mit den Funktionen des neuen polizeilichen Informationsverbundes können durch den Betrieb von INPOL insbesondere Fahndungsausschreibungen, Informationsverdichtungen durch Abklärung von Hinweisen und die Erstellung strategischer Analysen unterstützt sowie der Abgleich von personenbezogenen Daten durchgeführt werden. Im INPOL dürfen Daten von Verurteilten, Beschuldigten, Verdächtigen oder Anlasspersonen verarbeitet werden, und zwar deren Grunddaten, Identifizierungsdaten und zumindest einige weitere per-

343 BT-Drucks. 18/11163, S. 75 ff.

sonenbezogene Daten. Das Nähere über die Art und den Umfang der Daten, die weiterverarbeitet werden dürfen, hat das Bundesministerium des Innern, für Bau und Heimat mit der Erlass der **BKA-Daten-Verordnung** (BKADV) im Jahr 2010 bestimmt. Die BKADV ist jedoch noch nicht an das neue BKAG angepasst worden.

Die künftigen Zugriffsberechtigungen für das INPOL sind im BKAG nur rudimentär geregelt. Künftig soll das Anmeldeverfahren zweistufig, nämlich durch ein Identity und Access Management erfolgen.

Im Frühjahr 2020 ist als erstes Projekt das **einheitliche Fallbearbeitungssystem** (eFBS) in Betrieb gegangen. Es umfasst die Konsolidierung der Fallbearbeitungssysteme des BKA (Ablösung von b-case), der Bundespolizei sowie zunächst der Polizeien von Baden-Württemberg, Brandenburg, Hamburg und Hessen.

Über INPOL (Version 8) bestehen auch Schnittstellen zu den Datenbeständen anderer Bundesbehörden. Dazu gehören das **BZR** beim Bundesamt für Justiz, das **ZEVIS** im Kraftfahrt-Bundesamt und das **AZR** beim BVA.

5. Das Informations- und Auskunftssystem über Straftaten und Ordnungswidrigkeiten im Zuständigkeitsbereich der Bundeszollverwaltung

Das **INZOLL** ist eine beim ZKA als koordinierende Stelle geführte **Verbunddatei**. Das seit 1980 bestehende INZOLL dient der Sammlung solcher Informationen, die von den Finanzbehörden zur Ermittlung und Ahndung von Zuwiderhandlungen gegen zollrechtliche Bestimmungen, zur Aufbereitung der Sachverhalte für Zwecke der Statistik sowie zur Ausübung der Fach- und Geschäftsaufsicht benötigt werden. Hauptsächliche Nutzer sind der Zollfahndungsdienst mit dem ZKA, die Strafsachen- und Bußgeldstellen der Hauptzollämter, die Mobilen Kontrollgruppen, der Grenzaufsichtsdienst, die Überwachungsgruppen an Flughäfen, Außenwirtschafts- und Marktordnungsreferate sowie die Finanzkontrolle Schwarzarbeit.

Das 2006 in Betrieb genommene **INZOLL-NEU** unterscheidet sich von der Vorläuferversion u. a. dadurch, dass die Anwender automatisch darüber informiert werden, wenn sich wichtige Daten zu einem

Fall verändern oder datenschutzrechtliche Fristen zur Löschung beginnen. Ferner können von den Mobilen Kontrollgruppen gewonnene Informationen zeitnah in INZOLL-NEU eingepflegt werden. Das System ermöglicht es den Zollfahndern, fehlende Querverbindungen zu anderen Ermittlungsdaten herzustellen und zu einem Gesamtbild zu vervollständigen. Im Rahmen von Observationen angefertigte und beweiskräftige Videoaufnahmen können in INZOLL-NEU abgelegt werden. Entsprechend dem Berechtigungs- und Schutzstufenkonzept ist durch das System zudem ein Erkenntnisaustausch zwischen allen beteiligten Dienststellen möglich.

6. Das Zentrale Verkehrsinformationssystem

Das **ZEVIS** ist eine Datenbank in der Abteilung Zentrales Register des KBA, aus der Daten des VZR und des ZFZR von Polizeibehörden online abgefragt werden können. Dazu zählen die im VZR unter bestimmten Voraussetzungen gespeicherten

- Verurteilungen durch Strafgerichte wegen Straftaten im Zusammenhang mit der Teilnahme am Straßenverkehr,
- Entscheidungen der Strafgerichte und Verwaltungsbehörden auf Entzug der Fahrerlaubnis,
- Fahrverbote,
- Versagungen und Verzichte auf Fahr- und Fahrlehrererlaubnisse sowie
- Geldbußen für Verkehrsordnungswidrigkeiten.

Bei den im ZFZR gespeicherten Daten handelt es sich um **Halter-** und **Fahrzeugdaten** (Personalien, amtliche Kfz-Kennzeichen, Fahrzeug-Identifizierungs-Nummern, Ausfuhrkennzeichen und Teilkennzeichen mit höchstens einer unbekannten Stelle im Erkennungsteil), auf die zum Zweck der Strafverfolgung (§ 35 Abs. 1 Nr. 2 StVG) und der Abwehr von Gefahren für die öffentliche Sicherheit und Ordnung (§ 35 Abs. 1 Nr. 4 StVG) sowie zur Verfolgung von bestimmten Ordnungswidrigkeiten mit Verkehrsbezug (§ 35 Abs. 1 Nr. 3 StVG) zugegriffen werden kann.

Polizeiliche Zugriffsrechte auf **Straßenverkehrsregisterdaten** gemäß § 30a Abs. 1 i. V. m. § 30 Abs. 1 Nr. 1 StVG sind als spezialgesetzlich geregelter qualifizierter Fall von Auskunftsbefugnissen anzusehen.

Das ZEVIS wird auch als externes Fahndungshilfsmittel genutzt. Gemäß § 35 Abs. 4 StVG kann das KBA auf Ersuchen des BKA die im ZFZR gespeicherten Halterdaten mit dem polizeilichen Fahndungsbestand der mit Haftbefehl gesuchten Personen abgleichen. Die dabei ermittelten Daten gesuchter Personen dürfen dem BKA übermittelt werden.

XI. Die grenzüberschreitende Strafverfolgung

Insbesondere Polizeibehörden in Bundesländern mit unmittelbarer Grenzberührung zu ausländischen Staaten sowie das BKA sind täglich mit Fragen beschäftigt, die deutlich über die Anwendung der deutschen StPO hinausgehen. Dazu gehört neben der Kenntnis von bestimmten juristischen und polizeilichen Begriffen auch das Wissen über gesetzliche Zuständigkeiten und Zusammenarbeitsformen deutscher und ausländischer bzw. internationaler und supranationaler Polizei- bzw. Strafverfolgungsorganisationen.

1. Der Auslandsdienstverkehr in Strafsachen

Der Auslandsdienstverkehr in Strafsachen ist ein Teil der internationalen Zusammenarbeit bei der Kriminalitätsbekämpfung, der sich in Deutschland nach dem IRG vom 23. Dezember 1982[344] in der Fassung der Bekanntmachung vom 27. Juni 1994[345] richtet. Den IRG-Vorschriften gehen völkerrechtliche Übereinkommen als Spezialnorm vor, wenn diese unmittelbar anwendbares innerstaatliches Recht geworden sind (§ 1 Abs. 3 IRG).

Derartige Vereinbarungen innerhalb Europas sind insbesondere

- das EuAlÜbk,
- das EuRhÜbk,
- die Zusatzprotokolle, Vorbehalte und Erklärungen zu beiden Übereinkommen,
- das SDÜ und
- das ÜberstÜbk.

Zuständig für die Bewilligung der Rechtshilfe ist die Bundesregierung. Sie hat die Ausübung ihrer Befugnisse auf nachgeordnete Bundesbehörden (§ 74 Abs. 1 S. 3 IRG) und auf die Landesregierungen

344 BGBl. I 1982 S. 2071.

345 BGBl. I 1994 S. 1537, zuletzt geändert durch Art. 29 des Gesetzes zum Ausbau des elektronischen Rechtsverkehrs mit den Gerichten und zur Änderung weiterer Vorschriften vom 5.10.2021 (BGBl. I 2021 S. 4607).

(§ 74 Abs. 2 S. 1 IRG) durch eine Vereinbarung übertragen.[346] Die Landesregierungen haben von dem Recht auf weitere Delegation Gebrauch gemacht (§ 74 Abs. 2 S. 3 IRG) und die Ausübung der Bewilligungsbefugnis polizeilicher Rechtshilfeersuchen auf die Landeskriminalämter übertragen. § 74 Abs. 3 IRG regelt die Befugnisse des BKA im Rahmen der internationalen Rechtshilfe in Strafsachen. Danach richten sich dessen Befugnisse zur Datenübermittlung, Ausschreibung und Identitätsfeststellung auf ausländische Ersuchen nach §§ 27 Abs. 1 S. 1 Nr. 2, 33 Abs. 1–4 BKAG. Durch die Generalverweisung in § 74a IRG auf den gesamten § 74 IRG wird das BKA auch ermächtigt, Internationale Strafgerichtshöfe oder andere zwischen- oder überstaatliche Einrichtungen zu unterstützen. § 74 Abs. 4 IRG regelt die Übermittlung von Daten ohne Ersuchen (sog. Spontanauskünfte), nicht jedoch Anzeigen zum Zweck der Übernahme der Strafverfolgung.

Die zwischen der Bundesregierung und den Landesregierungen vereinbarten RiVASt[347] erläutern den eigentlichen Regelungsgehalt der Rechtshilfenormen für Gerichte, StA'en und andere Behörden wie Polizei und Finanzbehörden.

Die im Rechtshilfeverkehr mit dem Ausland vorgeschriebenen Geschäftswege sind in Nr. 5 RiVASt geregelt:

- Auf dem **diplomatischen Geschäftsweg** treten die Regierung des ersuchenden Staates und die diplomatische Vertretung des ersuchten Staates miteinander in Verbindung. Diese Ebene muss eingehalten werden, wenn kein anderer Geschäftsweg vertraglich vereinbart ist.
- Als **ministeriellen Geschäftsweg** bezeichnet man die Kontaktaufnahme über die oberste Justiz- oder Verwaltungsbehörde des ersuchenden und des ersuchten Staates. Dieser Weg ist von den Vertragsparteien des EuRhÜbk für bestimmte Ersuchen vorgeschrieben (Art. 6 Abs. 1 EuRhÜbk).
- Der **konsularische Geschäftsweg** wird beschritten, wenn eine konsularische Vertretung im Staatsgebiet des ersuchten Staates und die Behörden dieses Staates miteinander in Verbindung treten.

346 Zuständigkeitsvereinbarung vom 28.4.2004, in Kraft getreten am 1.5.2004.

347 Bekanntmachung der Neufassung der RiVASt vom 23.12.2016 (BAnz. AT 12.10.2017 B1).

- Der **unmittelbare Geschäftsweg** bedeutet die unmittelbare Kontaktaufnahme von ersuchender und ersuchter Behörde verschiedener Staaten. Der Interpol-Geschäftsweg ist der unmittelbare Geschäftsweg für die Polizei bei der Übermittlung polizeilicher Rechtshilfeersuchen.[348]

Für die **polizeiliche Rechtshilfe** gilt Folgendes:

- Polizeibehörden dürfen polizeiliche Rechtshilfeersuchen stellen oder erledigen, wenn sie hierzu innerstaatlich strafprozessual bzw. rechtshilferechtlich und zwischenstaatlich befugt sind (Vornahme- und Leistungsermächtigung).
- Die Polizei ist zur Anordnung der von ihr oder dem Ausland erbetenen Maßnahmen nach deutschem Recht, insbesondere nach den Vorschriften der StPO, innerstaatlich strafprozessual befugt, wenn sie die örtlich und sachlich zuständige Behörde ist.
- Ist die sachlich zuständige Behörde die StA, dürfen Polizeibehörden nicht in eigener Zuständigkeit, sondern nur im Auftrag der StA im Sinne des Ersuchens tätig werden. Im Einzelnen dürfen das BKA und andere Polizeibehörden um Maßnahmen ersuchen bzw. derartige Ersuchen erledigen, die in völkerrechtlichen Übereinkommen ausdrücklich geregelt oder in den Nrn. 123, 124 RiVASt aufgeführt sind.

Die Kompetenzen des BKA im **Auslandsdienstverkehr** ergeben sich aus dem BKAG. Der Bund hat von seiner ausschließlichen Gesetzgebungskompetenz für die internationale Verbrechensbekämpfung (Art. 73 Nr. 10 GG) Gebrauch gemacht, indem er dem BKA in Abweichung von der grundgesetzlichen Regelzuständigkeit (Art. 30 GG) Ermittlungsaufgaben im Rahmen der Strafverfolgung (international organisierte Taten, Sachaufklärung im Ausland, Zusammenhangstaten, Auslandstaten) übertragen (§ 4 BKAG) und die Zuständigkeit für den zur Verhütung oder Verfolgung von Straftaten erforderlichen Dienstverkehr der Polizeibehörden des Bundes und der Länder mit den Polizei- und Justizbehörden sowie sonstigen insoweit zuständigen öffentlichen Stellen anderer Staaten und mit für die Verhütung oder Verfolgung von Straftaten zuständigen zwischen- und

348 Justizielle Rechtshilfeersuchen dürfen über Interpol vermittelt werden, wenn entsprechende Übereinkommen diesen Geschäftsweg zulassen.

überstaatlichen Stellen zugewiesen hat (§ 3 Abs. 3 S. 1 BKAG). Davon unberührt bleiben besondere bundesgesetzliche Vorschriften, speziell die Vorschriften über die internationale Rechtshilfe in Strafsachen sowie abweichende Regelungen durch Vereinbarungen des Bundesministerium des Innern, für Bau und Heimat mit den zuständigen obersten Landesbehörden oder durch Vereinbarungen der zuständigen obersten Landesbehörden mit den zuständigen ausländischen Stellen im Rahmen der vom Bund abgeschlossenen Abkommen und die internationale Zusammenarbeit der Zollbehörden (§ 3 Abs. 3 S. 2 BKAG). § 3 Abs. 3 S. 1 BKAG normiert eine gesetzliche Ausnahme von der Zentralisierung des Dienstverkehrs nach § 3 Abs. 3 S. 1 BKAG für den gesamten Bereich des Dienstverkehrs mit den Nachbarstaaten Deutschlands und den Mitgliedstaaten der EU und bezieht sich auf zwei alternative Fälle, nämlich Kriminalität von regionaler Bedeutung oder Fälle von Gefahr im Verzug. Nach § 3 Abs. 4 S. 2 BKAG haben die Länder das BKA unverzüglich über den dezentralisiert geführten Dienstverkehr zu unterrichten. § 3 Abs. 5 BKAG gestattet den Ländern, im Einvernehmen mit dem BKA bei abgrenzbaren Fallgestaltungen im Rahmen regionaler Schwerpunktmaßnahmen den erforderlichen Dienstverkehr mit den zuständigen Behörden anderer Staaten zu führen. Von der Zuständigkeit des BKA nach § 3 Abs. 3 S. 1 BKAG zu unterscheiden ist dessen Funktion als NZB von Interpol für Deutschland (§ 3 Abs. 1 BKAG) und als nationale Stelle für Europol nach § 1 EuropolG (§ 3 Abs. 1 BKAG). Dadurch ist das BKA über die informationelle Zusammenarbeit mit ausländischen Stellen hinaus zur Erfüllung aller Mitwirkungspflichten eines NZB nach den Interpol-Statuten verpflichtet (Art. 32 Interpol-Statuten).

2. Die Rechtshilfe in Strafsachen

Rechtshilfe in Strafsachen ist jede Unterstützung, die auf Ersuchen für ein ausländisches Strafverfahren gewährt wird. Dies gilt unabhängig davon, ob das ausländische Verfahren von einem Gericht oder einer Behörde (in erster Linie StA'en, Polizeibehörden, Zoll- und Steuerfahndung, aber auch Untersuchungsausschüsse und andere mit der Untersuchung strafrechtlich relevanter Angelegenheiten befasste Institutionen) betrieben wird oder ob die Rechtshilfehandlung von einem Gericht oder einer Behörde vorzunehmen ist (vgl. § 59 Abs. 2 IRG; Nr. 2 RiVASt).

Nach der höchstrichterlichen Rechtsprechung können im Ausland gewonnene Beweismittel auch dann verwertbar sein, wenn ein Verstoß gegen die rechtshilferechtlichen Bestimmungen vorlag.

Beispiel:
Keine Prüfungspflicht des deutschen Gerichts hinsichtlich der Einhaltung der ausländischen Anordnungsvoraussetzungen bei TKÜ.[349]

3. Die europäische Staatsanwaltschaft

Die **EUStA**[350] ist die erste unabhängige und dezentrale StA der EU mit Sitz in Luxemburg. Ihre Einrichtung beruht auf dem Erlass der Verordnung (EU) Nr. 2017/1939 des Rates zur Errichtung der EUStA vom 12. Oktober 2017. Als zentrale Behörde außerhalb der bestehenden EU-Einrichtungen ist sie befugt, Straftaten gegen den EU-Haushalt wie Betrug, Korruption und schweren grenzüberschreitenden Mehrwertsteuerbetrug in den teilnehmenden 22 EU-Ländern zu untersuchen, strafrechtlich zu verfolgen und vor Gericht zu bringen. Das OLAF steht ihr dabei als privilegierter Partner zur Seite. Die EUStA handelt vollkommen unabhängig im Interesse der EU und holt dabei keine Weisungen von EU- oder nationalen Behörden ein oder nimmt diese entgegen. § 142b GVG regelt die Zuständigkeit der EUStA in Ermittlungsverfahren, die in Deutschland geführt werden.

4. Der Europäische Haftbefehl

EuHb ist die Kurzbezeichnung für einen für die EU vereinheitlichten Haftbefehl, der die **Auslieferung** von Straftätern vereinfacht und beschleunigt. Der EuHb beruht auf dem (zweiten) EuHbG vom 20. Juli 2006.[351] Nach der Definition des Art. 1 Abs. 1 des Beschlusses 2002/

349 *BGH*, NJW-Spezial 2013, 185.
350 European Public Prosecutor's Office, Abk. EPPO.
351 BGBl. I 2006 S. 1721.

584/JI handelt es sich um eine justizielle Entscheidung,[352] die in einem Mitgliedstaat ergangen ist und die Festnahme und Übergabe einer gesuchten Person durch einen anderen Mitgliedstaat zur Strafverfolgung oder zur Vollstreckung einer Freiheitsstrafe oder einer freiheitsentziehenden Maßregel der Sicherung bezweckt. Gemäß Art. 1 Abs. 2 des Beschlusses 2002/584/JI verpflichten sich die Mitgliedstaaten, den EuHb nach dem Grundsatz der gegenseitigen Anerkennung zu vollstrecken. Für die Auslieferung zwischen den Mitgliedstaaten der EU ersetzt der Rahmenbeschluss 2002/584/JI gemäß Art. 31 Abs. 1 als speziellere Vorschrift das EuAlÜbk vom 13. Dezember 1957 und dessen Zweites Zusatzprotokoll vom 17. März 1978. Auslieferungen durch oder an europäische Staaten außerhalb der EU richten sich weiterhin nach dem EuAlÜbk. Die Regelungen zum EuHb ersetzen gemäß Art. 31 Abs. 1 Buchst. c–e des Beschlusses 2002/584/JI auch die Bestimmungen des SDÜ zur Auslieferung (Art. 59–66 SDÜ). Die formalen Anforderungen an das Übergabeverfahren innerhalb der EU werden gemäß Art. 8 des Beschlusses 2002/5 84/JI durch ein Standardformular für den EuHb vereinheitlicht.

Das Gesetz sieht in den allgemeinen Bestimmungen vor, dass für eine verfolgte Person gemäß § 40 Abs. 3 Nr. 1 IRG ein **Pflichtbeistand** zu bestellen ist, wenn die Sach- oder Rechtslage schwierig ist. § 40 Abs. 3 Nr. 1, 2. HS IRG nennt als Regelbeispiele ausdrücklich Zweifel am Vorliegen der Voraussetzungen für die Auslieferung Deutscher (§ 80 IRG) oder der beiderseitigen Strafbarkeit (§ 81 Nr. 4 IRG). Das zweistufige Auslieferungsverfahren setzt eine **Bewilligungsentscheidung** voraus. Ersuchen dürfen nur unter den in § 79 Abs. 1 IRG genannten Voraussetzungen abgelehnt werden. Die **Auslieferungsunterlagen** werden mit dem EuHbG auf eine einheitliche Urkunde reduziert (§ 83a Abs. 1 IRG). Daneben erkennt § 83a IRG auch weiterhin in Form von § 10 IRG erstellte Auslieferungsunterlagen an. Eine Ausschreibung im SIS ist nur dann ausreichend, wenn sie die nach § 83a Abs. 1 IRG in einen EuHb aufzunehmenden Informationen enthält (Art. 9 Abs. 3 S. 2 Rahmenbeschluss des Rates vom 13. Juni 2002 über den EuHb und die Übergabeverfahren zwischen den Mitgliedstaaten, § 83a Abs. 2 IRG). Die Auslieferung einer verfolgten Person in einen EU-Staat im Wege des **vereinfachten Verfahrens**

352 Gemäß § 13 Abs. 1 IRG ist in Deutschland das OLG zuständig.

richtet sich nach § 41 IRG und findet auch auf deutsche Staatsangehörige Anwendung. Materiell-rechtlich ist bei der Auslieferung zwischen den Voraussetzungen und Hindernissen der Zulässigkeit (§§ 81, 83 IRG i. V. m. § 82 IRG) und den Bewilligungshindernissen (§ 83b IRG) zu unterscheiden.

Die **Auslieferung deutscher Staatsangehöriger** zur **Strafverfolgung** ist in § 80 Abs. 1 und 2 IRG geregelt. Die Auslieferung Deutscher zur **Strafvollstreckung** richtet sich nach § 80 Abs. 3 IRG, die nur mit Zustimmung der verfolgten Person zulässig ist.

Die Auslieferung von **Ausländern mit gewöhnlichem Inlandsaufenthalt** bestimmt sich nach § 83b Abs. 2 IRG. Die Auslieferung an EU-Staaten zur Vollstreckung einer durch **Abwesenheitsurteil** verhängten Freiheitsstrafe ist zulässig, sofern sich der Verfolgte in Kenntnis des gegen ihn gerichteten Verfahrens ins Ausland begeben hat.

Hinsichtlich der tradierten **Auslieferungsvoraussetzung** der beiderseitigen Strafbarkeit ist zu klären, ob in einem konkreten Fall trotz fehlender beiderseitiger Strafbarkeit ausgeliefert werden kann und ob in Deutschland eine Strafe vollstreckbar ist, der ein in der Bundesrepublik nicht strafbares Verhalten zugrunde liegt. Ausdrücklich stellt die Neufassung von § 83h IRG nunmehr klar, dass sich die **Spezialitätsbindung** nur dann nach dieser Vorschrift richtet, wenn die Auslieferung auf der Grundlage des EuHb erfolgt ist. Bei Vorliegen von anderweitigen Vereinbarungen oder Verträgen bestimmen diese Regelungen den Maßstab.

Ein aktuelles Handbuch mit Hinweisen zur Ausstellung und Vollstreckung eines EuHb ist in allen Amtssprachen der EU abrufbar unter https://e-justice.europa.eu in der Rubrik „Arbeitshilfe für Gerichte und Juristen".

5. Die Europäische Ermittlungsanordnung

Die in Art. 1 Abs. 1 RL 2014/41/EU definierte **EEA** ist eine gerichtliche Entscheidung, die von einer Justizbehörde eines Mitgliedstaates der EU zur Durchführung einer oder mehrerer spezifischer Ermittlungsmaßnahmen in einem anderen Mitgliedstaat zur Erlangung von Beweisen gemäß dieser Richtlinie erlassen oder validiert wird. Gemäß Art. 1 Abs. 4 RL 2014/41/EU können auch Beschuldigte nach Maßgabe des mitgliedstaatlichen Strafverfahrensrechts eine EEA beantragen. Nach Art. 1 Abs. 3 RL 2014/41/EU wird die EEA vom ersuchten Mitgliedstaat im Regelfall nach dem **Grundsatz der gegenseitigen Anerkennung** ohne detaillierte Prüfung ihrer Berechtigung ausgeführt. Art. 6 RL 2014/41/EU bestimmt, dass der ausstellende Mitgliedstaat eine EEA nur nutzen darf, wenn die beabsichtigte Beweiserhebung verhältnismäßig ist und im Rahmen innerstaatlicher Ermittlungsverfahren zulässig wäre. Der Vollstreckungsstaat kann die Anerkennung versagen, wenn etwa die Ermittlungen gegen ein **Doppelverfolgungsverbot** nach Art. 50 GRCh verstoßen oder sich auf eine Handlung beziehen, die im Vollstreckungsstaat keine Straftat darstellt (Art. 11 RL 2014/41/EU). Nach Art. 12 Abs. 3 RL 2014/41/EU muss die Entscheidung über die Anerkennung oder Vollstreckung in der Regel innerhalb von **30 Tagen** getroffen werden. Gemäß Art. 14 RL 2014/41/EU müssen die Mitgliedstaaten angemessene Rechtsbehelfe gegen die EEA vorsehen. Hervorzuheben sind die Bestimmungen zur zeitweiligen **Überstellung einer inhaftierten Person** zur Durchführung einer Ermittlungsmaßnahme (Art. 22 und 23 RL 2014/41/EU), zur **Vernehmung von Zeugen und Sachverständigen per Video- oder Telefonkonferenz** (Art. 24 und 25 RL 2014/41/EU), zur **Erhebung von Bank- und Finanzinformationen** (Art. 26 und 27 RL 2014/41/EU), zu **verdeckten Ermittlungen** (Art. 29 RL 2014/41/EU) sowie zur **TKÜ** (Art. 30 und 31 RL 2014/41/EU). Die in der RL 2014/41/EU geregelte EEA wurde in Deutschland durch das Vierte Gesetz zur Änderung des IRG (BGBl. I 2017 S. 31) mit Wirkung vom 22. Mai 2017 umgesetzt (Eingefügt wurden die §§ 91a–91j, 92d und 98c–98e IRG). Für **Ersuchen um TKÜ aus anderen EU-Staaten** sieht § 92d IRG jeweils die Zuständigkeit eines bestimmten Gerichts vor. Nach § 1 Abs. 2 IRG gelten die Vorschriften des OWiG, soweit dieselben Handlungen im ersuchenden Mitgliedstaat als Straftaten ausgestaltet sind. In diesen Fällen kommt dem Grundsatz der Verhältnismäßigkeit besondere Bedeutung zu. Ist die Tat nach deutschem Recht weder Straftat noch Ordnungswidrigkeit, so kann die Vollstreckung der EEA gemäß § 91e Abs. 1 Nr. 3 Buchst. b IRG abgelehnt werden.

6. Der internationale Haftbefehl

Der internationale Haftbefehl ist ein durch einen **internationalen Strafgerichtshof** ausgestellter Haftbefehl.

Der **IStGH** kann einen internationalen Haftbefehl ausstellen. Der Gerichtshof ist seit dem 1. Juli 2002 zuständig für die Verfolgung von **Völkermord** (Art. 5 Abs. 1 S. 2 a IStGH-Statut), **Verbrechen gegen die Menschlichkeit** (Art. 5 Abs. 1 S. 2 b IStGH-Statut) und **Kriegsverbrechen** (Art. 5 Abs. 1 S. 2 c IStGH-Statut) sowie mit Wirkung vom 17. Juli 2018 auch für die Verfolgung des **Verbrechens der Aggression** (Art. 5 Abs. 1 S. 2 d IStGH-Statut).

Das Verfahren richtet sich nach dem IStGH-Statut, Teil 5, Art. 53–61 (Ermittlungen und Strafverfolgung), und Teil 9, Art. 86–102 (Internationale Zusammenarbeit und Rechtshilfe).

Nach Art. 58 Abs. 5 IStGH-Statut kann der IStGH auf der Grundlage des Haftbefehls um **vorläufige Festnahme** oder **Festnahme** und **Überstellung einer Person** ersuchen. Der Inhalt des Festnahme- und Überstellungsersuchens ist in Art. 91 und die Vorläufige Festnahme in Art. 92 geregelt.

Nicht durch internationale Strafgerichtshöfe ausgestellte Haftbefehle sind nationale Dokumente, um deren Vollstreckung über Interpol- oder über das SIS international ersucht wird.

7. Die Auslieferung

Auslieferung bezeichnet die Überstellung eines Straftäters durch den Staat, auf dessen Territorium er sich aufhält, an einen anderen Staat, damit dieser ihn strafrechtlich zur Verantwortung ziehen oder ein gegen ihn vorliegendes Urteil vollstrecken kann. Der Auslieferung geht die **Auslieferungshaft** voraus. Es besteht keine allgemeine völkerrechtliche Pflicht zur Auslieferung. Sie ergibt sich vielmehr aus konkreten Auslieferungsverträgen. Diesbezügliche Regelungen sind auch in Rechtshilfeabkommen bzw. Rechtshilfeverträgen enthalten und berechtigen die Staaten, die Auslieferung von Straftätern von ihren Vertragspartnern zu verlangen. Hierfür erforderliche Voraussetzungen sind, dass der Straftäter entweder die Staatsbürgerschaft des um Auslieferung ersuchenden Staates besitzt oder die Straftat auf dessen Territorium begangen oder der Staat durch die Straftat geschädigt wurde.

Die international üblichen **Grundsätze** der Auslieferung sind **Gegenseitigkeit** (gegenseitige Auslieferung von Straftätern), **Identität** (Handlungen sind in beiden Staaten strafbar) und **Spezialität** (Beschränkung der Bestrafungsmöglichkeit auf die im Auslieferungsersuchen spezifizierten strafbaren Handlungen). Eigene Staatsbürger werden grundsätzlich nicht ausgeliefert. Das Auslieferungsverfahren vollzieht sich nach den §§ 9a–42 IRG.

8. Die internationale Fahndung

Internationale Fahndung ist die Fahndung nach Personen oder Sachen im Ausland auf Ersuchen einer inländischen Polizeidienststelle oder Justizbehörde sowie im Inland auf Ersuchen einer entsprechenden Institution aus dem Ausland. Die internationale Fahndung kann im SIS, über Interpol und durch gezielte Mitfahndungsersuchen an Polizei- und Justizbehörden anderer Staaten veranlasst werden. Die internationale Fahndung setzt eine nationale Fahndung in INPOL voraus.

8.1 Die internationale Personenfahndung

Bei der internationalen Personenfahndung sind Ausschreibungen zur Festnahme zwecks Auslieferung, insbesondere aufgrund eines EuHb, zur Aufenthaltsermittlung von Zeugen und Beschuldigten sowie zur verdeckten Registrierung zulässig. Das Ersuchen um internationale Fahndung ist unter Verwendung des Vordrucks Nr. 40a RiVASt und des Vordrucks für den EuHb (Vordruck Nr. 40 RiVASt) in deutscher Sprache sowie, falls in dem betreffenden Bundesland erforderlich, des Vordrucks KP 21/24 auf dem jeweils vorgesehenen Geschäftsweg über das Landeskriminalamt oder das BPOLP an das BKA zu richten. Der EuHb soll gleichzeitig in elektronischer Form übermittelt werden. Eine beglaubigte Mehrfertigung des nationalen Haftbefehls- oder des vollstreckbaren Straferkenntnisses sowie Identifizierungsunterlagen, soweit erforderlich und nicht im EuHb enthalten, sind beizufügen (Nr. 41 Abs. 1 RiStBV). In das Formular des EuHb ist eine verkürzte und auf das Wesentliche beschränkte Sachverhaltsdarstellung aufzunehmen, die eine halbe DIN-A-4-Seite nicht überschreiten soll. Auf Anlagen soll nicht Bezug genommen werden. In dringenden Fällen übermittelt die verfahrensleitende Justizbehörde gleichzeitig mit der Einleitung der nationalen Fahndung das Ersuchen um internationale Fahndung unter Hinweis auf die besondere Dringlichkeit unmittelbar dem BKA und zugleich dem zuständigen LKA oder dem BPOLP. Bei der Einleitung der Fahndung ist im Vordruck Nr. 40a RiVASt der Fahndungsraum zu bezeichnen. Die Löschung der Fahndung soll erst nach der Übernahme der gesuchten Person durch die deutschen Behörden veranlasst werden. Wird bei bestehender Interpol-Fahndung die nationale Fahndung zurückgenommen oder endet die nationale Fahndung durch Fristablauf, ist das BKA gemäß Nr. 6 RiVASt unverzüglich unter Angabe des Löschungsgrundes zu unterrichten, damit von dort aus die bestehende internationale Fahndung widerrufen werden kann.

8.2 Die internationale Sachfahndung

Die internationale Sachfahndung erfolgt häufig zur Unterstützung der Personenfahndung und dient beispielsweise der Ermittlung von Sachen im Rahmen eines Strafverfahrens, dem Erkennen missbräuchlicher Nutzer amtlicher Ausweispapiere und der Wiederbeschaffung abhanden gekommener Sachen. Unter der Voraussetzung eines Auslieferungsverfahrens bildet § 38 Abs. 1–3 IRG die materielle innerstaatliche Ermächtigungsgrundlage (keine völkerrechtliche Verpflichtung, § 1 Abs. 3 IRG) für die staatliche Übergabe von Gegenständen gegen den Willen des Verfolgten; § 38 Abs. 4 IRG regelt das diesbezügliche Rechtsschutzverfahren. Im Zusammenhang mit einer Auslieferung ermächtigt § 39 IRG zur Beschlagnahme bzw. sonstigen Sicherstellung und (gegebenenfalls vorausgehender) Durchsuchung zu Zwecken der Rechtshilfe. Solche Maßnahmen sind oft schon vor Eingang eines Auslieferungsersuchens notwendig und hängen vom ersten Zugriff ab, beispielsweise wenn ein ausländisches Ersuchen um vorläufige Festnahme zum Zweck der Auslieferung eingeht.

9. Die Gemeinsamen Ermittlungsgruppen

Gemeinsame Ermittlungsgruppen sind Organisationseinheiten zur gemeinsamen Ermittlungstätigkeit von Bediensteten verschiedener Strafverfolgungsbehörden mit dem Ziel, unterschiedliche Befugnisse und Ressourcen zur effektiven Bekämpfung bestimmter Kriminalitätserscheinungen zu bündeln.

Auf **internationaler Ebene** eröffnet § 61b IRG die Bildung Gemeinsamer Ermittlungsgruppen unter der Voraussetzung einer **völkerrechtlichen Vereinbarung**.

Ferner ermöglicht Art. 13 EuRhÜbk den **Mitgliedstaaten der EU**, den Einsatz von Gemeinsamen Ermittlungsgruppen in strafrechtlichen Ermittlungsverfahren zu vereinbaren. Solche Gruppen können bei schwierigen und aufwendigen Ermittlungen mit Bezug zu anderen Mitgliedstaaten gebildet werden oder wenn ein koordiniertes Vorgehen bei den Ermittlungen notwendig ist.

Die **Leitung** einer **Gemeinsamen Ermittlungsgruppe** obliegt einem Polizeibeamten des Mitgliedstaates, in dem der Einsatz erfolgt. Der Beamte leitet die Gruppe im Rahmen der ihm nach innerstaatlichem Recht zustehenden Befugnisse. Die eingesetzten Beamten sind an das Recht des Staates gebunden, in dem sie tätig werden. Begehen die Beamten im fremden Hoheitsgebiet Straftaten oder werden sie Opfer einer gegen sie gerichteten Straftat, sind sie den Beamten des Einsatzstaates gleichgestellt. Für einen beim Einsatz entstandenen Fremdschaden haftet der Mitgliedstaat, der die Beamten entsandt hat. Die Mitglieder der Gemeinsamen Ermittlungsgruppe haben ein Anwesenheitsrecht bei Ermittlungsmaßnahmen im Einsatzmitgliedstaat (Art. 13 Abs. 5 EuRhÜbk). Sie können nach Maßgabe der Rechtsvorschriften des Mitgliedstaates, in dem der gemeinsame Einsatz erfolgt, vom Gruppenleiter mit der Durchführung bestimmter Ermittlungsmaßnahmen betraut werden (Art. 13 Abs. 6 EuRhÜbk). Dazu muss sowohl der Mitgliedstaat, in dem ermittelt wird, als auch der Entsendestaat des Beamten die Zustimmung geben.

§ 93 IRG regelt ebenfalls den **Einsatz** von **Gemeinsamen Ermittlungsgruppen** in **Deutschland**. Nach § 93 Abs. 1 IRG hat ein ausländisches Mitglied der Gruppe, das von einem Mitgliedstaat der EU entsandt wurde, nicht nur ein **Anwesenheitsrecht**, sondern ihm kann unter der

Leitung des zuständigen deutschen Mitglieds auch die Durchführung von **Ermittlungshandlungen** gestattet werden, sofern dies vom entsendenden Mitgliedstaat gebilligt worden ist (Nr. 142c Abs. 5 RiVASt). Auch Personen, die keine Vertreter der zuständigen Behörden der Mitgliedstaaten sind, etwa Bedienstete von Europol, kann gemäß § 93 Abs. 2 IRG die Teilnahme gestattet werden. Nach § 93 Abs. 3 IRG dürfen die an der Gemeinsamen Ermittlungsgruppe beteiligten Beamten den von anderen Mitgliedstaaten entsandten Mitgliedern oder anderen teilnehmenden Personen dienstlich erlangte Informationen einschließlich personenbezogener Daten unmittelbar übermitteln, soweit dies für die Tätigkeit der Gemeinsamen Ermittlungsgruppe erforderlich ist. Soweit die Übermittlung der nach § 93 Abs. 3 IRG erlangten Informationen eine besondere zweckändernde Vereinbarung erfordert, ist diese zulässig, wenn ein auf die Verwendung der Informationen gerichtetes Ersuchen bewilligt werden könnte (§ 93 Abs. 4 IRG).

10. Grenzüberschreitende verdeckte Ermittlungen

Art. 29 der RL 2014/41/EU hat die Regelungen des Art. 14 EuRhÜbk abgelöst. Grenzüberschreitende verdeckte Ermittlungen[353] setzen sowohl Kenntnis als auch Einverständnis des betroffenen Staates voraus, denn nach der Rechtsprechung verbietet die Gebietshoheit (Staatssouveränität) grundsätzlich hoheitliches Tätigwerden auf fremdem Territorium.[354] Einsätze unterliegen den nationalen Rechtsvorschriften der jeweiligen Mitgliedstaaten.

353 Art. 20 des Übereinkommens der VN vom 15.11.2000 gegen die grenzüberschreitende organisierte Kriminalität (UNTOC) sieht ebenfalls die Möglichkeit zum Einsatz von VE vor. Der deutsch-polnische Kooperationsvertrag vom 15.5.2015 gestattet ebenfalls den transnationalen Einsatz Verdeckter Ermittler; vgl. hierzu z. B. *Soiné*, Kriminalistik 2018, 609; *ders.*, in: Die grenzüberschreitende Informationsgewinnung und -verwertung am Beispiel der Zusammenarbeit der deutschen und polnischen Strafverfolgungsbehörden, S. 119 ff. Im Bereich des Zollfahndungsdienstes erfolgt der repressive Einsatz von VE („Bedienstete der Zollverwaltung") für den Bereich der Mitgliedstaaten der EU in Anwendung von Art. 23 des Übereinkommens auf Grund von Art. K.3 des Vertrags über die EU über gegenseitige Amts- und Rechtshilfe und Zusammenarbeit der Zollverwaltungen vom 18.12.1997 (Neapel II).

354 *BVerfG*, NJW 2004, 141, 143; *EGMR*, NJW 2012, 283.

10.1 Transnationaler Einsatz von Verdeckten Ermittlern

Der ersuchte und der ersuchende Mitgliedstaat können vereinbaren, einander bei strafrechtlichen Ermittlungen durch verdeckt oder unter falscher Identität handelnde Beamte zu unterstützen. In Betracht kommen drei Varianten:[355]

- Der Auslandseinsatz deutscher VE für ein deutsches Strafverfahren,
- der Einsatz ausländischer VE in Deutschland für ein deutsches Strafverfahren und
- der Einsatz ausländischer VE in Deutschland für ein ausländisches Strafverfahren.

10.2 Transnationaler Einsatz von Vertrauenspersonen

Für VP, die als wichtiges Hilfsmittel zur Bekämpfung grenzüberschreitender Kriminalität gelten,[356] existiert keine (rechts-)verbindliche Definition auf internationaler Ebene. Ihr Einsatz bedarf einer Einzelfall bezogenen Entscheidung der beteiligten Staaten.[357]

11. Das Europäische Polizeiamt

Europol als die Strafverfolgungsbehörde der EU mit Sitz in Den Haag hat sich zum Ziel gesetzt, die Leistungsfähigkeit der zuständigen Behörden der Mitgliedstaaten und ihre Zusammenarbeit bei der Verhütung und Verfolgung schwerer Formen der internationalen Organisierten Kriminalität und des Terrorismus zu verbessern (Art. 2 Abs. 1 Europol-Konvention). Am 1. Januar 2002 wurde das Mandat von Europol entsprechend dem Anhang zum Europol-Übereinkommen auf sämtliche Formen schwerer internationaler Kriminalität aus-

355 Siehe *Soiné*, 138. Akt., § 110a StPO Rz 59–68.

356 Beschluss der Zentralen Gruppe vom 22.3.1999 bezüglich der allgemeinen Grundsätze zur Entlohnung von Informanten und VP; ABl EG Nr. L 239 vom 22.9.2000, S. 420.

357 Einsätze kommen etwa in Betracht im Zusammenhang mit kontrollierten Transporten, die auf die Ermittlungsgeneralklauseln §§ 161, 163 StPO i. V. m. Nr. 29a–d RiStBV gestützt werden; siehe z. B. *Wirth*-Soiné, S. 362, Schlagwort: „Kontrollierter Transport“.

geweitet.[358] Europol unterstützt die Strafverfolgungstätigkeit der Mitgliedstaaten seither insbesondere zur Bekämpfung des **illegalen Drogenhandels**, von **Schleuserorganisationen**, des **Terrorismus**, der **Geldfälscherei** (Fälschungen des Euro) und der **Fälschung anderer Zahlungsmittel**, des **Menschenhandels** (einschließlich Kinderpornografie), des **illegalen Fahrzeughandels** und der **Geldwäsche**. Zu den weiteren Prioritäten von Europol zählen die Bekämpfung von **Straftaten gegen Personen** sowie von **Finanz-** und **Computerkriminalität**. Zur Verfolgung und Verhütung von **Straftaten** mit Bezug zum **Internet** hat Europol 2013 das **Europäische Zentrum zur Bekämpfung der Computerkriminalität**[359] eingerichtet.

Europol wird aktiv, wenn Anhaltspunkte für eine kriminelle Organisationsstruktur vorliegen und zwei oder mehr Mitgliedstaaten betroffen sind. Im eigenen Zuständigkeitsbereich kann Europol Mitgliedstaaten um Einleitung von Ermittlungen ersuchen. Europol hat Eurojust über solche Ersuchen und ihre Beantwortung zu unterrichten. Bei Ablehnung eines Ersuchens sind die zuständigen Behörden der Mitgliedstaaten im Regelfall verpflichtet, die Gründe für ihre Entscheidung anzugeben. In Deutschland begründet ein solches Ersuchen, sofern es nicht offensichtlich unbegründet ist, einen Anfangsverdacht für eine Straftat (§§ 152 Abs. 2, 163 Abs. 1 StPO).

Europol-Bedienstete dürfen sich an **Gemeinsamen Ermittlungsgruppen**[360] beteiligen,[361] sofern es sich um Ermittlungen im Zuständigkeitsbereich von Europol handelt. Die Ausführung von Zwangsmaßnahmen ist den Europol-Bediensteten nicht gestattet. Ersuchen um Ermittlungsmaßnahmen können bei anderen Mitgliedern einer gemeinsamen Ermittlungsgruppe unmittelbar gestellt werden und bedürfen keines gesonderten Rechtshilfeersuchens.

Des Weiteren fördert Europol den **Informationsaustausch** zwischen den **Europol-Verbindungsbeamten**[362] gemäß den einzelstaatlichen Rechtsvorschriften.

---

358 Europol-Gesetz und Europol-Übereinkommen, abgedruckt u. a. bei *Soiné* als Anhang Q und Q-2.

359 European Cybercrime Centre (EC 3).

360 Joint Investigation Teams.

361 Art. 3a Europol-Übereinkommen, in Kraft getreten am 29.3.2007, BGBl. III 2007 Nr. 123/1998.

362 Europol Liaison Officers.

Um den Mitgliedstaaten weitergehende Informationen über die Straftaten zu vermitteln, mit denen sie befasst sind, legt Europol regelmäßig Bewertungen mit umfassenden, vorausschauenden **Analysen zu Kriminalität und Terrorismus in der EU** vor, u. a. die Bewertung der Bedrohungslage im Bereich der schweren und organisierten Kriminalität in der EU[363] mit folgenden Schwerpunkten: Ermittlung und Bewertung neuer Bedrohungen, Beschreibung der Struktur von Gruppierungen der organisierten Kriminalität und von deren Vorgehensweise sowie der wichtigsten Formen der Kriminalität, von denen die EU betroffen ist, den Lage- und Tendenzbericht zum Terrorismus für die EU,[364] in dem Europol über die aktuelle Bedrohungslage zum Terrorismus in der EU berichtet, den Europol-Jahresbericht,[365] in dem die Behörde über die unterschiedlichen Arten von Funktionen und Systemen informiert, die ihr zur Verfügung stehen, sowie über die Ergebnisse aus dem Einsatz dieses Instrumentariums in Form einer koordinierten Unterstützung der Polizeiarbeit in Europa und in manchen Fällen auch in anderen Regionen.

Europol verfügt über eine Reihe spezialisierter Einrichtungen und Systeme. Einrichtungen sind das **operative Europol-Zentrum** als zentrale Anlaufstelle für den Datenaustausch zwischen Europol, den Mitgliedstaaten und Dritten, das **Europäische Zentrum für Computerkriminalität** zur Verbesserung der Strafverfolgung im Bereich der Computerkriminalität in der EU; die **gemeinsame Taskforce gegen Computerkriminalität**,[366] das **Europäische Zentrum für Terrorismusbekämpfung**[367] und das **Europäische Zentrum zur Bekämpfung der Migrantenschleusung**.[368]

Darüber hinaus kommt der **koordinierten Koalition gegen Verletzungen von Rechten des geistigen Eigentums**[369] bei den Bemühungen der EU zur Eindämmung der Flut an Straftaten im Bereich der Rechte des geistigen Eigentums innerhalb und außerhalb der EU eine zentrale Rolle zu.

363 EU Serious and Organised Crime Threat Assessment (SOCTA).
364 EU Terrorism Situation and Trend Report (TE-SAT).
365 English Europol Review.
366 Joint Cybercrime Action Taskforce (J-CAT).
367 European Counter Centre (ECTC).
368 European Migrant Smuggling Centre (EMSC).
369 Intellectual Property Crime Coordinated Coalition (IPC3).

Zu den spezialisierten Systemen von Europol zählen z. B. das **FIU.net**, ein komplexes, dezentral organisiertes Computernetz, das die zentralen Meldestellen zur Entgegennahme von Geldwäscheverdachtsanzeigen[370] in der EU im Kampf gegen Geldwäsche und Terrorismusfinanzierung unterstützt, ferner die **Netzanwendung für den sicheren Informationsaustausch**,[371] eine hochmoderne Plattform, über die die Strafverfolgungsbehörden in der EU untereinander kommunizieren, die **Europol-Expertenplattform**,[372] eine sichere Internetplattform für die Zusammenarbeit von Spezialisten unterschiedlicher Fachgebiete der Polizeiarbeit und das **Europäische Informationssystem**[373] als Referenzsystem, in dem Daten über Straftaten, an Straftaten beteiligte Personen und weitere Informationen abgefragt werden können. Das EIS deckt alle Kriminalitätsfelder ab, die unter das Europol-Mandat fallen und zeigt dem Anwender Zusammenhänge bei grenzüberschreitender Kriminalität an. Das System bietet eine multilinguale Oberfläche, die in 23 Sprachen angezeigt werden kann und steht 27 EU-Mitgliedstaaten und Drittstaaten (Australien, Großbritannien, Mazedonien, Norwegen, Schweiz, USA) zur Verfügung. Der Zugriff auf das EIS erfolgt in Deutschland über Eingaben (Person oder Straftat) durch INPOL-Fall-Anwendungen oder Abfragen mittels einer Web-Anwendung. Die Benutzerverwaltung für das EIS wird durch das **Identity Access Management**[374] geregelt, das alle Europol-Berechtigungen verwaltet.[375]

12. Das Europäische Amt für Betrugsbekämpfung der Europäischen Kommission

OLAF[376] mit Sitz in Brüssel ist zuständig für die Bekämpfung von Betrug, Korruption und allen anderen rechtswidrigen Handlungen, durch die finanzielle Interessen der EU geschädigt werden. Das Amt ermittelt in voller Unabhängigkeit inner- und außerhalb der europä-

370 financial intelligence units (FIU).
371 Secure Information Exchange Network Application (SIENA).
372 Europol Platform for Experts (EPE).
373 European Information System (EIS).
374 Abkürzung IAM.
375 Ausführlich dazu vgl. z. B. *Kannen*, Kriminalistik 2014, 584.
376 Abkürzung für Französisch Office Européen de Lutte Anti-Fraude.

ischen Behörden; es unterstützt, koordiniert und beobachtet die Arbeit nationaler Behörden in seinem Aufgabenbereich und konzipiert die Betrugsbekämpfung der EU. Bei seiner Tätigkeit hat das Amt alle **Ermittlungskompetenzen**, die der Europäischen Kommission durch das Gemeinschaftsrecht oder völkerrechtliche Abkommen mit Drittstaaten eingeräumt werden. Es ist dem Kommissar für Verwaltung, Audit und Betrugsbekämpfung zugeordnet. Bei seinen administrativen Untersuchungen von Unregelmäßigkeiten und Betrug zum Nachteil der finanziellen Interessen der EU in allen EU-Ländern hat es die EuStA zu konsultieren und sich eng mit ihr abzustimmen.

13. Die Internationale Kriminalpolizeiliche Organisation

Die **IKPO**, allgemein als Interpol bezeichnet, ist der Zusammenschluss von nationalen Polizeibehörden aus 194 Mitgliedstaaten. Die Institution wurde 1923 in Wien unter der Bezeichnung Internationale Kriminalpolizeiliche Kommission gegründet, 1946 kam es in Paris zur Neugründung unter dem Namen Interpol und 1956 erfolgte die Umbenennung in Internationale Kriminalpolizeiliche Organisation mit der Kurzform IKPO-Interpol. Seit 1989 hat die Organisation ihren Sitz in Lyon.

Die Aufgaben der IKPO sind:

- Bereitstellung schneller und zuverlässiger Nachrichtenverbindungen,
- Unterhaltung eines Nachrichtensammel- und -auswertungsdienstes,
- Unterhaltung eines Fahndungs- und Ausschreibungsdienstes,
- Koordinierung gegenseitiger Unterstützungsmaßnahmen durch Entsendung von technischen Spezialisten und Bereitstellung von Ausrüstung (technische Hilfe),
- Förderung der internationalen Zusammenarbeit in den Bereichen Forschung, Aus- und Fortbildung, Ausrüstung sowie Einsatz von Personal und Hilfsmitteln.

Die Ziele der Organisation (Art. 2 IKPOSt) sind eine umfassende gegenseitige Unterstützung aller Kriminalpolizeibehörden im Rahmen der in den einzelnen Staaten geltenden Gesetze und im Geiste der Erklärung der Menschenrechte sowie Schaffung und Ausbau aller Einrichtungen, die zur Verhütung und Verfolgung gemeiner Verbrechen und Vergehen wirksam beitragen. Die Bestimmung „im Rahmen der in den einzelnen Ländern geltenden Gesetze“ verdeutlicht, dass die staatliche Souveränität des jeweiligen Mitgliedstaates strikt beachtet wird. Die polizeiliche Zusammenarbeit erfolgt also lediglich im Rahmen der im ersuchten Land bestehenden Gesetzgebung. Eine weitere Einschränkung der Zusammenarbeit ergibt sich aus Art. 3 IKPOSt, wonach der Organisation jede Betätigung oder Mitwirkung in Fragen oder Angelegenheiten politischen, militärischen, religiösen oder rassistischen Charakters untersagt ist. Der Terrorismusbekämpfung räumt die IKPO gleichwohl eine hohe Priorität ein.

Die Mitgliedstaaten erhalten vom Generalsekretariat neben personen- und tatbezogenen Erkenntnissen auch Trendanalysen für einzelne Kriminalitätsbereiche.

Die **Zirkulare** des Generalsekretariats betreffen Ersuchen um

- Festnahme international gesuchter Rechtsbrecher zur Auslieferung („Rotecke“),
- Identifizierung oder Mitteilung von Erkenntnissen über international Tatverdächtige („Grünecke“),
- Fahndung nach Vermissten („Gelbecke“),
- Identifizierung unbekannter Toter („Schwarzecke“),
- Fahndung nach gestohlenen Gegenständen.

Außerdem enthalten Zirkulare Informationen über neue Tatbegehungsweisen. Das Generalsekretariat unterstützt die Mitgliedstaaten mit Hilfsmitteln im Bereich der Kriminaltechnik und des Erkennungsdienstes. Es gibt auch die Internationale kriminalpolizeiliche Revue heraus.

Die europäischen Mitgliedstaaten haben beim Generalsekretariat ein **Europäisches Verbindungsbüro**[377] eingerichtet, dessen Aufgabe es ist, Probleme der europäischen Zusammenarbeit aufzuzeigen und zu lösen. Des Weiteren wurde ein **Verbindungsbüro von Interpol bei der EU** in Brüssel geschaffen,[378] das dem Informationsaustausch zwischen der IKPO und der EU im Hinblick auf kriminalpolitische Fragestellungen dient.

---

377 European Liaison Bureau (ELB).
378 Interpol's office of the special representatives to the EU.

Das **NZB** jedes Mitgliedstaates (in Deutschland gemäß § 3 Abs. 1 BKAG das BKA) sorgt für die Verbindung zum Generalsekretariat, zu den NZB der anderen Staaten und zu den verschiedenen Behörden des eigenen Landes. Die offiziellen **Arbeitssprachen** sind **Englisch**, **Französisch**, **Spanisch** und **Arabisch**. Die NZB verkehren direkt miteinander, aber in Fällen von größerer internationaler Bedeutung soll das Generalsekretariat beteiligt werden. Die Beamten des Generalsekretariats der IKPO haben keine supranationalen Exekutivbefugnisse. Bewilligt ein Mitgliedstaat die Einreise ausländischer Beamter, ist diesen die Teilnahme bei Ermittlungshandlungen, nicht jedoch deren Vornahme gestattet.

14. Die Einheit für justizielle Zusammenarbeit der Europäischen Union

Eurojust ist eine weisungsunabhängige, auf Grundlage der Art. 31, 34c EUV am 28. Februar 2002 mit eigener Rechtspersönlichkeit errichtete Agentur der Europäischen Union für justizielle Zusammenarbeit in Strafsachen mit Sitz mit Sitz in Den Haag.[379] Sie ist insbesondere für die **Förderung** und die **Verbesserung** der **Koordinierung** der in den **Mitgliedstaaten** laufenden **Ermittlungen** und **Strafverfolgungsmaßnahmen** zuständig. Die Eurojust-Anlaufstelle für **Terrorismusfragen** in Deutschland ist der GBA.

Eurojust kann von sich aus nationale Behörden ersuchen, in bestimmten Fällen Ermittlungen aufzunehmen oder gemeinsame Ermittlungsteams einzurichten, und hat insoweit ermittlungsbezogene Initi-

---

379 Beschluss des Rates über die Errichtung von Eurojust zur Verstärkung der Bekämpfung der schweren Kriminalität, 2002/187/JI, ABl. EG 2002, L 63/1. – Der Beschluss wurde mehrfach angepasst und inzwischen abgelöst durch die Verordnung (EU) 2018/1727 des Europäischen Parlaments und des Rates vom 14. November 2018 betreffend die Agentur der Europäischen Union für justizielle Zusammenarbeit in Strafsachen (Eurojust) und zur Ersetzung und Aufhebung des Beschlusses 2002/187/JI des Rates (ABl. L 295 vom 21.11.2018 S. 138 – Eurojust-Verordnung). Mit dem Gesetz zur Durchführung der Eurojust-Verordnung vom 9.12.2019 wurde das am 12.12.2019 in Kraft getretene Gesetz über Eurojust und das Europäische Justizielle Netz in Strafsachen (Eurojust-Gesetz – EJG) geschaffen (BGBl. I 2019 S. 2010).

ativ- und Vorschlagsrechte, denen Auskunftspflichten der betroffenen Behörden in den Mitgliedstaaten gegenüberstehen. Darüber hinaus soll Eurojust die Zusammenarbeit zwischen den zuständigen Behörden verbessern, insbesondere durch die **Erleichterung** von **Rechtshilfeersuchen** und **Auslieferungsverfahren** sowie durch anderweitige Unterstützung der zuständigen Behörden in den Mitgliedstaaten mit dem Ziel, die Wirksamkeit der Ermittlungen und Strafverfolgungsmaßnahmen zu erhöhen. Der allgemeine Zuständigkeitsbereich von Eurojust erstreckt sich dabei auf alle Kriminalitätsformen und Straftaten, die (auch) in die Zuständigkeit von Europol fallen, ferner auf Computerkriminalität, Betrug, Korruption, Straftaten zum Nachteil der EG, Geldwäsche, Umweltkriminalität und die Beteiligung an einer kriminellen Vereinigung sowie auf alle anderen Straftaten, die mit den vorgenannten Taten im Zusammenhang stehen. Sofern Eurojust von einer zuständigen Behörde eines Mitgliedstaates um Unterstützung ersucht wird, bestehen zudem keine Beschränkungen auf bestimmte Arten von Straftaten.

Eurojust hat eine beratende Funktion für den Erlass eines EuHb.

In Bezug auf Analysetätigkeiten und operative Maßnahmen von Europol sowie dessen Beteiligung an gemeinsamen Ermittlungsteams hat Eurojust keine Weisungs-, Aufsichts-, Genehmigungs- oder Prüfungsbefugnisse.

Zwischen Eurojust und OLAF besteht ein Kooperationsübereinkommen zur Regelung der praktischen Zusammenarbeit beider Einrichtungen. Das Übereinkommen soll die Modalitäten für eine enge Zusammenarbeit definieren und die Bekämpfung von Betrug, Korruption und sonstigen rechtswidrigen Handlungen zum Nachteil der finanziellen Interessen der EG und der Europäischen Atomgemeinschaft (Euratom) verbessern.

Darüber hinaus stellt Eurojust jeweils auch das Sekretariat des Europäischen Justiziellen Netzes, der Netze der gemeinsamen Ermittlungsgruppen und des Netzes für die Ermittlung und Strafverfolgung bei Völkermord, Verbrechen gegen die Menschlichkeit und Kriegsverbrechen (Genozid-Netz).

Das politische Gremium von E. („**Kollegium**") setzt sich aus je einem hochrangigen Staatsanwalt oder Richter aus jedem EU-Land zusammen. Jeder dieser Vertreter ist für sein nationales Verbindungsbüro zuständig.

Der Verwaltung steht ein Verwaltungsdirektor vor; für den Datenschutz ist ein vom Verwaltungsdirektor unabhängiger Datenschutzbeauftragter zuständig.

15. Der Prümer Vertrag

Prümer Vertrag ist die Kurzbezeichnung für den Vertrag über die Vertiefung der grenzüberschreitenden Zusammenarbeit, insbesondere zur Bekämpfung des Terrorismus, der grenzüberschreitenden Kriminalität und der illegalen Migration zwischen Belgien, Deutschland, Frankreich, Luxemburg, den Niederlanden, Österreich und Spanien vom 27. Mai 2005, benannt nach dem Unterzeichnungsort in Rheinland-Pfalz, auch Schengen-III-Vertrag genannt. Deutschland hat diesen völkerrechtlichen Vertrag am 10. Juli 2006 gemäß § 59 Abs. 2 GG ratifiziert[380] und im Ausführungsgesetz zum Prümer Vertrag vom 10. Juli 2006[381] die Bestimmungen des Prüm-Ratsbeschlusses 2008/615/JI bei der polizeilichen und justiziellen Zusammenarbeit in Strafsachen mit den Mitgliedstaaten der EU für anwendbar erklärt (§ 1 PrümVtrAG). Das **BKA** wurde als **nationale Kontaktstelle** für die **Prüm-Kooperation** benannt (§ 2 PrümVtrAG).

Der Ratsbeschluss 2008/615/JI legt Regelungen für folgende Bereiche dar:

- automatisierter Zugriff auf DNS-Profile, daktyloskopische Daten und bestimmte Daten aus nationalen Fahrzeugregistern,
- Übermittlung von Daten im Zusammenhang mit Großveranstaltungen,
- Übermittlung von Informationen zur Verhinderung von terroristischen Straftaten,
- sonstige Maßnahmen zur Vertiefung der grenzüberschreitenden polizeilichen Zusammenarbeit.

Zulässig sind der **automatische Austausch** und die **Abfrage** von daktyloskopischen Daten, DNS-Identifizierungsmuster und Daten aus

380 BGBl. II 2006 S. 626.
381 BGBl. I 2006 S. 1458.

Fahrzeugregistern zwischen den beteiligten Staaten. Der **gegenseitige direkte Zugriff** auf die entsprechenden Dateien des jeweils anderen Staates erfolgt über nationale Kontaktstellen (in Deutschland das BKA für erkennungsdienstliche und DNS-Daten sowie das KBA für Fahrzeug- und Halterdaten).

Eine Anfrage nach solchen DNS-Profilen von **Personen** darf nur im Einzelfall und nach Maßgabe des innerstaatlichen Rechts der abrufenden Vertragspartei erfolgen. Wird bei einem automatisierten Abruf die Übereinstimmung eines übermittelten DNS-Profils mit einem in der Datei der empfangenden Vertragspartei gespeicherten DNS-Profil festgestellt, erhält die anfragende nationale Kontaktstelle nur die Information über das Vorliegen eines Treffers und die Kennung. Der Austausch von Datensätzen geschieht je nach innerstaatlichen Regelungen im direkten Kontakt zwischen Polizeidienststellen oder durch Rechtshilfeersuchen. Ergibt sich keine Übereinstimmung, so erfolgt ebenfalls eine automatisierte Mitteilung. Zusätzlich gleichen die Vertragsparteien im gegenseitigen Einvernehmen über ihre nationalen Kontaktstellen die DNS-Profile ihrer offenen **Spuren** zur Strafverfolgung mit allen DNS-Profilen aus Fundstellendatensätzen der anderen nationalen DNA-Analyse-Dateien ab. Stellt eine Vertragspartei beim Abgleich fest, dass übermittelte DNS-Profile mit denjenigen in ihrer DNA-Analyse-Datei übereinstimmen, so übermittelt sie der nationalen Kontaktstelle der anderen Vertragspartei unverzüglich die Fundstellendatensätze, mit denen eine Übereinstimmung festgestellt worden ist.

Den **nationalen Kontaktstellen** ist zudem Zugriff auf bestimmte **nationale Fahrzeugregister** über **automatisierte Online-Abrufe** zu gewähren.

Bei **Großveranstaltungen** haben die Vertragsstaaten einander **nicht personenbezogene Daten**[382] zum Zwecke der Verhinderung von Straftaten und die Abwehr von Gefahren für die öffentliche Sicherheit und Ordnung zur Verfügung zu stellen. **Personenbezogene Daten** dürfen nur übermittelt werden, wenn die Annahme gerechtfertigt

382 Daten, die individuelle DNS-Profile enthalten, die verwendet werden könnten, um eine Übereinstimmung oder einen Treffer zu erzielen, jedoch nicht die Identität des Betroffenen offen legen.

ist, dass die Betroffenen bei den Veranstaltungen Straftaten begehen werden oder von ihnen eine Gefahr für die öffentliche Sicherheit oder Ordnung ausgeht. Die übermittelten Daten dürfen nur im Hinblick auf die Veranstaltung verwendet werden, für die sie zur Verfügung gestellt wurden. Sie sind zu löschen, soweit ihre Zwecke erreicht worden sind, spätestens jedoch ein Jahr nach ihrer Übermittlung.

In Einzelfällen und unter bestimmten Einschränkungen können die beteiligten EU-Staaten folgende Daten zur **Verhinderung** von **Terroranschlägen** zur Verfügung stellen: Namen und Vornamen, Geburtsdatum und Geburtsort sowie eine Darstellung der Tatsachen, aus denen sich die Annahme ergibt, dass Straftaten von den Betroffenen begangen werden sollen.

Des Weiteren können die beteiligten EU-Staaten **gemeinsame Streifen** sowie sonstige **gemeinsame Einsatzformen** zur Verhinderung von Straftaten sowie zur Abwehr von Gefahren für die öffentliche Sicherheit und Ordnung im Hoheitsgebiet eines EU-Staates durchführen. Die EU-Länder unterstützen sich nach Maßgabe ihres innerstaatlichen Rechts gegenseitig bei **Massenveranstaltungen** und ähnlichen **Großveranstaltungen**, **Katastrophen** und schweren **Unglücksfällen**.

Außer dem Beschluss 2010/482/EU des Rates vom 26. Juli 2010 über den Abschluss des Übereinkommens zwischen der EU sowie Island und Norwegen über die Anwendung einiger Bestimmungen des Beschlusses 2008/615/JI des Rates und des Beschlusses 2008/616/JI des Rates zur Durchführung des Beschlusses 2008/615/JI und seines Anhangs[383] bestehen folgende Durchführungsbeschlüsse des Rates über den Ratsbeschluss 2008/615/JI:

- Aufnahme des **automatisierten Austauschs** von **DNS-Daten** mit Belgien, Dänemark, Estland, Griechenland, Lettland, Litauen, Malta, Polen, Portugal, Schweden, der Slowakei, der Tschechischen Republik, Ungarn und Zypern;
- Aufnahme des **automatisierten Austauschs daktyloskopischer Daten** mit Belgien, Bulgarien, Dänemark, Estland, Finnland, Frankreich, Griechenland, Lettland, Litauen, Malta, den Niederlanden, Polen, Portugal, Rumänien, Schweden, der Slowakei, der Tschechischen Republik, Ungarn und Zypern;

383 ABl. L 210 vom 6.6.2008, S. 12–72.

- Aufnahme des **automatisierten Austauschs** von **Fahrzeugregisterdaten** mit Bulgarien, Dänemark, Estland, Finnland, Lettland, Litauen, Malta, Polen, Rumänien, Schweden, der Slowakei, Slowenien, der Tschechischen Republik, Ungarn und Zypern.

16. Das Schengener Übereinkommen

Das Schengener Übereinkommen ist ein zwischen den Regierungen Deutschlands, Frankreichs, Belgiens, Luxemburgs und der Niederlande am 14. Juni 1985 in Schengen (Luxemburg) geschlossenes Übereinkommen über den schrittweisen Abbau der Kontrollen an den gemeinsamen Grenzen.[384] Das Übereinkommen wird in Abgrenzung zum SDÜ auch als Schengen I bezeichnet. Hauptsächliches Vertragsziel war der Abbau von Behinderungen für den Personen- und Warenverkehr durch Abschaffung der Grenzkontrollen. Zudem wurde die Absicht bekundet, die Zusammenarbeit zwischen den Zoll- und Polizeibehörden insbesondere im Kampf gegen die Kriminalität zu verstärken (Art. 9 Schengener Übereinkommen). Statt konkrete Regelungen zu treffen, wurden langfristige Maßnahmen (Titel II) beschlossen. Hierzu zählte auch die Ausarbeitung von Vereinbarungen über die polizeiliche Zusammenarbeit einschließlich der Einführung des Rechts zur polizeilichen Nacheile (Art. 18 Schengener Übereinkommen).

Folgende Staaten wenden die Bestimmungen des Schengen-Acquis vollständig an (sog. Schengen-Vollanwenderstaaten): Belgien, Deutschland, Frankreich, Luxemburg, Niederlande, Portugal, Spanien (Wegfall der Grenzkontrollen am 26. März 1995), Italien (Wegfall der Grenzkontrollen am 26. März 1997), Österreich (Wegfall der Grenzkontrollen am 1. Dezember 1997), Griechenland (Wegfall der Grenzkontrollen am 26. März 2000), Dänemark, Finnland, Island, Norwegen, Schweden (Wegfall der Grenzkontrollen am 25. März 2001), Estland, Lettland, Litauen, Malta, Polen, Slowakei, Slowenien, Tschechien, Ungarn (Wegfall der Grenzkontrollen am 21. Dezember 2007), die Schweiz (Wegfall der Grenzkontrollen: Landgrenzen am 12. Dezember 2008, Luftgrenzen am 29. März 2009) und Liechtenstein (Wegfall der Grenzkontrollen am 19. Dezember 2011).

384 GMBl. 1986 S. 79.

17. Das Schengener Durchführungsübereinkommen

Das **SDÜ**, gebräuchliche Kurzbezeichnung für das „Übereinkommen zur Durchführung des Übereinkommens von Schengen" vom 19. Juni 1990, auch als Schengen II bezeichnet,[385] regelt die sich aus dem Schengener Übereinkommen ergebenden Ausgleichsmaßnahmen für die Abschaffung der Grenzkontrollen. Das SDÜ ist gegliedert in Titel, Kapitel, Abschnitte und Artikel. Es wird ergänzt durch nationale Erklärungen sowie Entscheidungen des früheren Exekutivausschusses, heute des Rates der EU. Durch die Überführung in den Besitzstand der EU wurden einzelne Bestimmungen des SDÜ gegenstandslos. Weitere Bestimmungen wurden durch später verabschiedete Rechtsinstrumente aufgehoben, geändert oder ergänzt. So wurden die Art. 2–17 SDÜ (Regelungen zu den Grenzkontrollen) aufgehoben und durch den Schengener Grenzkodex[386] ersetzt. Art. 23 und 24 SDÜ (Voraussetzungen für den Reiseverkehr von Drittausländern) wurden durch die RL 2008/115/EG über gemeinsame Normen und Verfahren in den Mitgliedstaaten zur Rückführung illegal aufhältiger Drittstaatsangehöriger[387] ersetzt. Von den Bestimmungen über Polizei und Sicherheit, Tit. III, Art. 39–91 SDÜ, wurden die Art. 59–66 SDÜ gemäß Art. 31 Abs. 1 Buchst. e des Rahmenbeschlusses des Rates über den EuHb und die Übergabeverfahren zwischen den Mitgliedstaaten vom 13. Juni 2002 durch die Bestimmungen dieses Rahmenbeschlusses ersetzt. Die Bestimmungen des SDÜ zum SIS wurden im Zuge der Vorbereitungen für die Einführung des SIS II[388] zum Teil durch eine Verordnung,[389] teils durch einen Ratsbeschluss der ehemaligen dritten EU-Säule[390] ersetzt. Die ermittlungsbezogenen Teile des SDÜ wurden 2017 durch Art. 34 der RL 2014/41/EU über die **EEA** für diejenigen Mitgliedstaaten aufgehoben, die an die Richtlinie gebunden sind.

385 SDÜ, abgedruckt in Auszügen u. a. bei *Soiné* als Anhang V.
386 VO (EU) 2016/399; ABl. 2016 L 77, 1.
387 ABl. 2008 L 348, 98.
388 ABl. 2007 L 205, 63.
389 VO (EG) Nr. 1987/2006 (ABl. 2006, 281); in Geltung gemäß Art. 55 seit Betriebsbereitschaft des SIS II.
390 Ratsbeschluss 2007/533/JI (ABl. 2007 L 205, 63.

17.1 Die polizeiliche Rechtshilfe

Die Zusammenarbeit bei der Aufklärung und Verhütung von strafbaren Handlungen (polizeiliche Rechtshilfe und Zusammenarbeit im präventiven Bereich) ist in Art. 39 SDÜ geregelt. Gemäß Art. 39 Abs. 1 SDÜ sind **Ersuchen** unzulässig, zu deren Erledigung **Zwangsmaßnahmen** wie Durchsuchung oder Beschlagnahme durchgeführt werden müssen. Von den Befugnisnormen der StPO sind zugunsten eines anderen Schengen-Staates nur § 81b StPO (Erkennungsdienstliche Maßnahmen bei dem Beschuldigten), § 98c StPO (Maschineller Abgleich mit vorhandenen Daten) und § 163b StPO (Maßnahmen zur Identitätsfeststellung) anwendbar. Andere Ermittlungen, die keiner richterlichen oder staatsanwaltschaftlichen Anordnung bedürfen, wie die kurzfristige Observation, Klärung der Aussagebereitschaft von Zeugen, Auskünfte aus öffentlich zugänglichen Quellen, Kfz-Halterfeststellungen sowie Ersuchen um Auskünfte aus dem Melderegister, sind ebenfalls zulässig. Nach Sinn und Zweck des Art. 39 SDÜ kommt der polizeiliche Rechtshilfeverkehr nur insoweit in Betracht, als die Polizei noch im Rahmen des ersten Zugriffs nach § 163 Abs. 1 StPO tätig ist. Beabsichtigt eine ersuchende Vertragspartei die ihr schriftlich übermittelten Informationen in ein Strafverfahren einzuführen, so müssen die Justizbehörden der ersuchten Vertragspartei zustimmen (Art. 39 Abs. 2 SDÜ).

Grundsätzlich wird der polizeiliche Rechtshilfeverkehr über die beauftragte zentrale Stelle abgewickelt, in Deutschland also über das BKA. Nur in **Eilfällen** ist der **unmittelbare Kontakt** zwischen den **beteiligten Polizeibehörden** zulässig. Die ersuchende Stelle unterrichtet dann nachträglich die beauftragte zentrale Stelle der ersuchten Vertragspartei (Art. 39 Abs. 3 SDÜ). Gemäß Art. 39 Abs. 5 SDÜ können bilaterale Abkommen zwischen Vertragsparteien, die eine gemeinsame Grenze haben, weitergehende Vereinbarungen über die polizeiliche Rechtshilfe enthalten. Zu diesen Abkommen gehören auch die Ergänzungsabkommen über die Zusammenarbeit in den Grenzgebieten.

17.2 Die grenzüberschreitende Observation

Die grenzüberschreitende Observation bestimmt sich nach Art. 40 SDÜ. Anlass dafür ist eine auslieferungsfähige Straftat, ein im Vertrag jedoch nicht definierter Begriff. Erfasst sind nach deutschem

Recht alle **Verbrechen** und nahezu alle **Vergehen**. Art. 40 Abs. 1 SDÜ erlaubt den Polizeibeamten einer Vertragspartei, eine Person (Beschuldigter einschließlich Mittäter), die in einem Ermittlungsverfahren observiert wird und in einen anderen Vertragsstaat einreist, auch nach dem Grenzübertritt weiter zu beobachten. Weitere Eingriffshandlungen stehen den observierenden Beamten nicht zu. Insbesondere das **Betreten** von **Wohnungen** und von **öffentlich nicht zugänglichen Grundstücken** ist nicht zulässig (Art. 40 Abs. 3e SDÜ). Die observierenden Beamten sind auch nicht befugt, die **Zielperson anzuhalten** und **festzunehmen** (Art. 40 Abs. 3f SDÜ). **Dienstliche Einsatzmittel** (auch Fahrzeuge) dürfen mitgeführt werden. Das gilt auch für die **Dienstwaffen** der Beamten, sofern die ersuchte Vertragspartei in ihrer Zustimmung zur Observation dem nicht ausdrücklich widersprochen hat. Der **Gebrauch der Schusswaffe** ist aber nur in **Notwehrsituationen** zulässig (Art. 40 Abs. 3d SDÜ). Die observierenden Beamten müssen – außer in Eilfällen – das Dokument, aus dem sich die erteilte Zustimmung zur grenzüberschreitenden Observation ergibt, während des Einsatzes mitführen (Art. 40 Abs. 3b SDÜ). Zugleich müssen sie jederzeit ihre amtliche Funktion nachweisen können (**Vorlage des Dienstausweises**). Das Verfahren bei geplanten Observationen bestimmt sich nach Art. 40 Abs. 5 SDÜ, wonach vor Grenzübertritt das Rechtshilfeersuchen an die zuständige Behörde – in Deutschland an das BKA – zu richten ist. Das Verfahren in Eilfällen, d. h. ein Grenzübertritt in dringenden Fällen ohne vorherige Zustimmung, setzt voraus, dass der Observation ein Ermittlungsverfahren wegen einer der in Art. 40 Abs. 7 SDÜ bezeichneten schweren Straftaten zugrunde liegt. Das Rechtshilfeersuchen muss unverzüglich nachgereicht werden. Die Observation ist in jedem Fall zu beenden, wenn die Zustimmung des betroffenen Staates nicht innerhalb von 5 Stunden nach Grenzübertritt erteilt wurde.

17.3 Die grenzüberschreitende Nacheile

Die grenzüberschreitende Nacheile nach Art. 41 SDÜ betrifft die **Verfolgung einer flüchtigen Person**, die sich ihrer Festnahme entziehen will. Zum Zeitpunkt des Grenzübertritts muss **Sichtkontakt** zum Flüchtenden bestehen. Die Nacheile ist nur bei **auslieferungsfähigen Straftaten** zulässig. Für die Fortsetzung der Verfolgung von deutschem Hoheitsgebiet nach Dänemark, Frankreich und Luxemburg gilt der Straftatenkatalog gemäß Art. 41 Abs. 4a SDÜ. Nach Art. 44 Abs. 1 SDÜ ist unverzüglich die zuständige Verbindungsstelle im Grenzgebiet zu unterrichten. Im Verlauf der Nacheile dürfen **keine Wohnungen** oder **öffentlich nicht zugänglichen Grundstücke betreten** werden (Art. 41 Abs. 5c SDÜ). Der Grenzübertritt darf nur auf dem **Landweg** erfolgen (Art. 41 Abs. 5b SDÜ) und die nacheilenden Polizeibeamten müssen als solche erkennbar sein (Art. 41 Abs. 5d SDÜ), beispielsweise durch **Tragen der Dienstkleidung** oder einer **Armbinde** mit der **Aufschrift „Polizei"** bei **ziviler Kleidung** oder durch Benutzen eines als solches erkennbaren Dienstfahrzeugs. Die Beamten müssen ihre amtliche Funktion durch **Vorlage des Dienstausweises** nachweisen können. Die **Mitnahme der Dienstwaffe** ist erlaubt, ihr Gebrauch aber auf den Fall der **Notwehr** begrenzt (Art. 41 Abs. 5e SDÜ). Das **Festhalterecht** der nacheilenden Beamten bestimmt sich nach Art. 41 Abs. 2 SDÜ i. V. m. Art. 41 Abs. 9 SDÜ. Die festgehaltene Person darf von den nacheilenden Beamten nicht sofort auf das Hoheitsgebiet ihres Staates gebracht werden, sondern muss der örtlich zuständigen Behörde vorgeführt werden. Für die Dauer des Transports zur zuständigen Dienststelle dürfen ihr **Handfesseln** angelegt werden (Art. 41 Abs. 5f SDÜ). Zulässig ist auch die **Vernehmung** festgenommener Personen nach grenzüberschreitender Nacheile.[391]

18. Bilaterale Abkommen über die Zusammenarbeit und gemeinsame Zentren in den Grenzregionen

Entlang der Schengen-Binnengrenzen sind verschiedene **Polizei-** und **Zollkooperationszentren**[392] eingerichtet, in denen Bedienstete von Polizei- und Zollbehörden aus den benachbarten Staaten zusammenarbeiten. **Deutsche Behörden** sind beteiligt an den Kooperationszentren in

- Kehl (mit Frankreich),
- Luxemburg-Stadt (mit Luxemburg, Belgien und Frankreich),
- Padborg (mit Dänemark),

391 Zur Praxis auf der Grundlage des deutsch-polnischen Polizeivertrages, vgl. *Soiné*, in: Małolepszy/Soiné/Zurakowska, Die deutsch-polnische Zusammenarbeit im Bereich der grenzüberschreitenden Nacheile, S. 181 ff.

392 Police and Customs Cooperation Centres.

- Œwiecko (mit Polen) und
- Petrovice und Schwandorf (mit der Tschechischen Republik).

Deutsche Behörden sind ferner beteiligt am

- Euregionalen Polizeilichen Informations- und Kooperations-Zentrum (EPICC) der Euregio Maas-Rhein mit Sitz in Kerkrade und dem
- Polizeikooperationszentrum in Passau (mit Österreich).

19. Das Schengener Informationssystem

Das **SIS** ist ein staatenübergreifendes computergestütztes polizeiliches Fahndungssystem, das als Ausgleichsmaßnahme zum Abbau der Personenkontrollen an den Binnengrenzen der Schengen-Staaten errichtet wurde. Das SIS gliedert sich in einen Zentralrechner (C.SIS) in Straßburg (Frankreich) und in nationale Systeme (N.SIS). Bei Fahndungen werden die jeweiligen personenbezogenen oder sachbezogenen Daten von den ausschreibenden Stellen (N.SIS) an das C.SIS übermittelt, das die Datensätze zeitgleich an alle N.SIS verteilt (Art. 92 Abs. 3 SDÜ). Gespeicherte Daten können nur von der ausschreibenden Stelle verändert oder gelöscht werden. Jede Änderung wird in Echtzeit durch das C.SIS umgesetzt, sodass in allen Vertragsstaaten sofort der vollständige und aktuelle Datenbestand des SIS für Abfragen zur Verfügung steht. Die Ausschreibungen einer Vertragspartei dürfen nicht aus diesem Bestand in andere nationale Datenbestände wie INPOL überführt werden (Art. 102 Abs. 2 S. 2 SDÜ). Einen Zugriff auf die im SIS gespeicherten Daten haben gemäß Art. 101 SDÜ grundsätzlich nur solche Stellen, die für die Grenzkontrollen oder die polizeiliche oder zollrechtliche Überwachung im Inland zuständig sind.

Die Verordnung (EG) Nr. 1987/2006 über die Einrichtung, den Betrieb und die Nutzung des Schengener Informationssystems der zweiten Generation (SIS II) und der Beschluss 2007/533/JI über die Einrichtung, den Betrieb und die Nutzung des Schengener Informationssystems der zweiten Generation (SIS II) bilden die Rechtsgrundlage für das SIS II, das offizielle Ausschreibungen von Personen und Sachen enthält. Die Verordnung regelt die Einreise in die EU und die Verarbeitung von Ausschreibungen von Nicht-EU-Bürgern. Der Beschluss betrifft Ausschreibungen von Personen und Sachen, die mit der polizeilichen und justiziellen Zusammenarbeit in Strafsachen in Verbindung stehen. Auf die Daten im SIS II können nationale Behörden zugreifen, die zuständig sind für Grenzkontrollen, polizeiliche und zollrechtliche Überprüfungen, die Erhebung der öffentlichen Klage im Strafverfahren und justizielle Ermittlungen vor Anklageerhebung, Visumerteilung und Erteilung von Aufenthaltstiteln. Europol kann Daten direkt abfragen, jedoch erfordert die Verwendung der bei der Abfrage gefundenen Informationen die Zustimmung des betreffenden Schengen-Landes. Die nationalen Mitglieder von Eurojust und die sie unterstützenden Personen, aber nicht das eigene Personal von Eurojust dürfen auf die Daten zugreifen, die sie zur Erfüllung ihrer Aufgaben benötigen.

Die **Polizeibeamten in Deutschland** können im Rahmen von INPOL-Abfragen auch Auskünfte über im SIS gespeicherte Daten erhalten. Außerdem wird die Fahndungseingabe in das SIS über das INPOL-System gesteuert. Der INPOL-Rechner und der Rechner für das N.SIS sind dv-technisch getrennte Systeme. Die Fahndungsausschreibungen im SIS können von fast allen Terminals der Polizei-, Grenzschutz- und Zollbehörden innerhalb von Sekunden abgefragt werden. Derzeit sind dem SIS Deutschland, Belgien, Dänemark, Finnland, Frankreich, Griechenland, Italien, Luxemburg, die Niederlande, Österreich, Portugal, Schweden, Spanien sowie die assoziierten Staaten Island und Norwegen angeschlossen.

Das SDÜ gestattet die **Ausschreibung von Personen**,

- die festgenommen und ausgeliefert werden sollen (Art. 95 Abs. 1 SDÜ),
- denen eine Einreise aus Drittländern verweigert werden soll (Art. 96 Abs. 1 SDÜ),
- die vermisst werden und zur Gefahrenabwehr in Gewahrsam genommen werden sollen (Art. 97 SDÜ),
- deren Aufenthalt ermittelt werden soll, damit ihnen als Zeuge oder Beschuldigter eine Ladung zugestellt werden kann (Art. 98 Abs. 1 SDÜ),
- die verurteilt sind und denen ein Strafurteil oder eine Ladung zum Haftantritt zugestellt werden muss (Art. 98 Abs. 1 SDÜ),
- die verdeckt registriert oder gezielt kontrolliert werden sollen (Art. 99 Abs. 1 SDÜ).

Zu den Datenkategorien zählen auch die zur Sicherstellung oder Beweissicherung im Strafverfahren gesuchten Sachen.

Jeder Vertragspartner darf nur eine Fahndung zu einer bestimmten Person (oder Sache) im SIS speichern. Bei mehreren Fahndungsnotierungen zu einer Person wird nur die schengenrelevante Fahndung mit der höchsten Priorität gespeichert. Dabei gilt folgende Reihenfolge:

1. Priorität: Festnahme (Art. 95 SDÜ),
2. Priorität: Einreiseverweigerung für Drittausländer (Art. 96 SDÜ),
3. Priorität: Ingewahrsamnahme (Art. 97 SDÜ),
4. Priorität: Zeugen-/Aufenthaltsermittlung (Art. 98 SDÜ)

und verdeckte Registrierung (Art. 99 SDÜ).

Der Umfang der im SIS gespeicherten personenbezogenen Daten (Datenprofil) ist abschließend festgelegt (Art. 94 Abs. 2 SDÜ). Ergänzende Datenübermittlungen sind nur vorgesehen, wenn um die Festnahme von Personen mit dem Ziel der Auslieferung ersucht wird (Art. 95 SDÜ).

Die Ausschreibungskategorie **Sachfahndung** ergibt sich aus Art. 100 Abs. 3 SDÜ. Danach dürfen folgende gestohlene, unterschlagene oder sonst abhanden gekommene Gegenstände ausgeschrieben werden:

- Kfz mit einem Hubraum von mehr als 50 ccm sowie Anhänger und Wohnwagen mit einem Leergewicht von mehr als 750 kg,
- Schusswaffen,
- Blankodokumente und Identitätspapiere (Pässe, Identitätskarten, Führerscheine),
- Banknoten.

Im Zusammenhang mit der Sachfahndungsnotierung dürfen nach Art. 100 Abs. 2 SDÜ auch diejenigen personenbezogenen Daten gespeichert werden, welche die Aushändigung der Sache an den rechtmäßigen Eigentümer (z. B. Name und Anschrift des Fahrzeughalters) oder die Zuordnung der Sache zu einer bestimmten Straftat (z. B. registrierte Banknoten zu einem Ermittlungsverfahren wegen Erpressung) ermöglichen. INPOL-Sachfahndungen werden grundsätzlich automatisch in die SIS-Fahndung überführt.

Eine Beschränkung der Fahndung auf einen oder mehrere Staaten ist im SIS technisch nicht möglich. In einem solchen Fall erfolgt die internationale Fahndung durch Interpol, die auf Staaten oder Fahndungsräume (Vordruck Nr. 40a RiVASt) beschränkt werden kann. Bei der Entscheidung über die Fahndung sowie bei der Festlegung des Raumes, in dem gefahndet werden soll, sind der Grundsatz der Verhältnismäßigkeit sowie Nr. 13 RiVASt zu beachten. Die Staaten, die der IKPO-Interpol nicht angehören (vgl. Länderteil RiVASt), werden vom BKA um Mitfahndung ersucht, wenn die betreibende Behörde dies ausdrücklich verlangt und Anhaltspunkte vorliegen, dass sich die gesuchte Person in diesem Staat aufhält.

XII. Das Gerichtsverfassungsgesetz

Das **GVG**[393] enthält gemeinsame **Grundsätze** für die **Zivil-** und **Strafgerichtsbarkeit**, insbesondere **Aufbau** und **Organisation** der Zivil- und Strafgerichte und der StA'en sowie zahlreiche Regeln, die für beide Gerichtszweige gelten (Öffentlichkeit, Sitzungspolizei, Dolmetscher usw.). § 152 GVG normiert, welche **Polizeibeamten** den Status einer **Ermittlungsperson der StA** innehaben.[394]

Im Rahmen von § 169 GVG kann das erkennende Gericht neben den Justizbeamten auch die **Polizei** mit der Kontrolle von Personen beauftragen, die den Sitzungssaal als Zuschauer betreten wollen. Die kontrollierenden Polizeibeamten sollten von sich aus das Gericht über das Fortdauern oder die Beendigung der Kontrolle verständigen. Das Gericht kann auch die vorherige Durchsuchung von Zuschauern durch Polizeibeamte anordnen.

Außerhalb des Gerichtsgebäudes obliegt es der Polizei, Gefahren für die öffentliche Sicherheit und Ordnung abzuwehren (z. B. beim Aufsuchen, Betreten oder Verlassen des Gebäudes durch Angeklagte, Zeugen oder sonstige Beteiligte) und eingetretene Störungen zu beseitigen. Die Öffentlichkeit ist grundsätzlich auch außerhalb der Gerichtsstelle zu wahren, so insbesondere bei Ortsbesichtigungen. Das Gericht hat dafür Sorge zu tragen, dass tunlichst jedermann Zutritt hat.[395] Nötigenfalls ist das Gericht von der Polizei zu unterstützen, wenn die Verkehrssicherheit oder sonstige mögliche Gefährdungen dies erfordern.

Gemäß § 176 GVG obliegt die Aufgabe der **Sitzungspolizei** grundsätzlich dem Inhaber des Hausrechts in Gerichtsgebäuden (der Präsident des Bundesgerichtshofs, des Oberlandes- oder Landgerichts oder der Direktor des Amtsgerichts, je nachdem, wer für das Gebäude – nicht für die darin amtierenden Gerichte – zuständig ist). Zur Aufrechterhaltung der Ordnung gehören die Unterbindung von Stö-

393 Abgedruckt in Auszügen u. a. bei *Soiné* als Anhang A.
394 Siehe Gliederungspunkt VII. 2.2.
395 *BGH*, wistra 1994, 308.

rungen jeglicher Art, von Beeinträchtigungen der Würde des Gerichts und die Abwehr von Einflussnahmen auf die Beweisaufnahme und die Urteilsfindung. Die Sitzungspolizei erstreckt sich auf alle Anwesenden. Pressevertreter genießen keinen weitergehenden Schutz als andere Bürger, aber es darf kein Einfluss auf die Berichterstattung genommen werden.[396] Weiter unterliegen der sitzungspolizeilichen Gewalt des Vorsitzenden auch Verteidiger und StA,[397] doch können gegen diese keine Maßnahmen nach §§ 177, 178 GVG getroffen werden. Anwesende **Polizeibeamte** unterliegen als Zeugen oder als Ordnungskräfte der Sitzungspolizei des Vorsitzenden und haben insoweit dessen Anordnungen zu beachten. Die Sitzungspolizei ermächtigt den Vorsitzenden nötigenfalls auch dazu, eine Ausweiskontrolle der Zuhörer[398] und die Ausgabe von Einlasskarten[399] anzuordnen. Der Vorsitzende wird bei der Durchsetzung der ordnungspolizeilichen Anordnungen im Gerichtssaal durch den Justizwachtmeister unterstützt (Nr. 128 Abs. 3 RiStBV), er kann aber erforderlichenfalls die Amtshilfe der **Polizei** in Anspruch nehmen.[400] Der Vorsitzende kann der Polizei keine bindenden Einzelweisungen – z. B. hinsichtlich des **Waffentragens im Gerichtssaal** und die unmittelbare Ausführung der Anordnungen – erteilen.

Nach § 177 GVG obliegt die Durchsetzung der vom Vorsitzenden angeordneten Maßnahmen zur Aufrechterhaltung der Ordnung dem Justizwachtmeister (Nr. 128 Abs. 3 RiStBV), wobei erforderlichenfalls die **Amtshilfe der Polizei** in Anspruch genommen werden kann.

Ordnungsmittel wegen Ungebühr gemäß § 178 GVG können gegen Richter, Staatsanwälte und Verteidiger nicht festgestellt werden. Gegen **Polizeibeamte**, die als Zeugen, Sachverständige oder Zuhörer anwesend sind, sind diese Maßnahmen zulässig, nicht aber gegen Polizeibeamte, die Schutz- und Wachaufgaben in der Sitzung wahrnehmen.

Für die Vollstreckung der Ordnungsmittel nach § 179 GVG, d. h. zur Durchsetzung sitzungspolizeilicher Maßnahmen, ist in erster Linie der Justizwachtmeister heranzuziehen; nötigenfalls kann die Amts-

396 *BVerfGE* 50, 234.
397 *BVerfGE* 48, 118.
398 *LG Berlin*, MDR 1982, 154.
399 *BVerfGE* 48, 118.
400 *BGH*, NJW 1980, 249.

hilfe der **Polizei** in Anspruch genommen werden (Nr. 128 Abs. 3 RiStBV).[401]

§ 183 GVG, der das Verfahren bei Straftaten in der Sitzung regelt, ist für **Polizeibeamte**, die sich in der Sitzung befinden, in mehrfacher Hinsicht von Bedeutung. Stellt ein Polizeibeamter fest, dass ein **Anwesender** (Beschuldigter/Angeklagter, Zeuge oder Zuhörer) eine **Straftat** begeht, so hat er gemäß § 163 Abs. 1 S. 1 StPO – gegebenenfalls über den StA – das Gericht hiervon in Kenntnis zu setzen, und das Gericht auf entsprechende Aufforderung zu unterstützen, gegebenenfalls sogar unmittelbar einzugreifen (z. B. Sicherstellung einer Waffe oder von BtM) und auf Anordnung des Richters oder StA die vorläufige Festnahme durchzuführen.

Gemäß § 184 S. 1 GVG sind auch **polizeiliche Amtshandlungen**, Protokolle, Aktenvermerke und zu den Akten gebrachte Berichte in deutscher Sprache abzufassen. § 185 GVG, der die **Zuziehung** eines **Dolmetschers** regelt, ist sinngemäß auch auf die Tätigkeiten der Polizei im Ermittlungsverfahren anzuwenden. Ergeben sich Schwierigkeiten, einen geeigneten Dolmetscher zu finden oder ist wegen des Umfangs der Vernehmungen mit ungewöhnlich hohen Kosten zu rechnen, sollte sich die Polizei mit der StA ins Benehmen setzen. Die Beiziehung eines Dolmetschers kann unterbleiben, wenn die beteiligten Personen sämtlich der fremden Sprache mächtig sind. Ein ausschließlich von der Polizei in Anspruch genommener Dolmetscher kann nicht vereidigt werden, da die Polizei zur Abnahme von Eiden nicht befugt ist. Polizeibeamte sind, wenn sie sprachlich die erforderlichen Qualitäten besitzen, als Dolmetscher vor Gericht nicht ausgeschlossen. Sie sind in diesem Fall gerichtlich zu beeidigen (§ 189 GVG). Zu berücksichtigen ist jedoch, dass ein Polizeibeamter, der in dem Verfahren tätig gewesen ist, kraft Gesetzes abgelehnt werden kann (§ 191 S. 1 GVG i. V. m. §§ 72, 22 Nr. 4 und Nr. 5 GVG). Ein Dolmetscher, der gegen die Pflicht zur treuen und gewissenhaften Übertragung verstößt, kann sich unter Umständen der **Strafvereitelung** (§ 258 StGB) oder der **Begünstigung** (§ 257 StGB) schuldig machen. Dies gilt auch für den von der Polizei zugezogenen und nicht vereidigten Dolmetscher.

401 *BGH*, NJW 1980, 249.

XIII. Das Einführungsgesetz zum Gerichtsverfassungsgesetz

Das **EGGVG**[402] regelte das Inkrafttreten des GVG und enthält ergänzend zum GVG einige allgemeine Bestimmungen für die ordentliche Gerichtsbarkeit. Das EGGVG räumt den Ländern zahlreiche Möglichkeiten zur Gestaltung der Gerichtsverfassung ein wie z. B. die Schaffung eines Obersten Landesgerichts (§§ 8 ff. EGGVG).

Die §§ 12–22 EGGVG regeln die **Übermittlung personenbezogener Daten** durch die Gerichte und StA'en an andere öffentliche Stellen. Die §§ 23–30a EGGVG sehen ein besonderes Verfahren für die **Anfechtung** von **Justizverwaltungsakten** vor, soweit sie nicht bereits in anderen Verfahren geregelt ist. Zuständig ist das Oberlandesgericht, seine Entscheidung ist unanfechtbar. Die **Polizei** gilt, wenn sie gemäß § 152 GVG in ihrer Funktion als Ermittlungsperson der StA tätig wird, genau wie die StA als **Justizbehörde** i. S. v. § 23 Abs. 1 EGGVG; dasselbe gilt für ihr Tätigwerden auf konkretes Ersuchen durch die StA.[403]

Die §§ 31–38a EGGVG regeln die Möglichkeit einer **Kontaktsperre**, d. h. den Abbruch jedweder Verbindungen von Gefangenen untereinander und mit der Außenwelt, auch des schriftlichen und mündlichen Verkehrs mit dem Verteidiger. Gemäß § 31 Abs. 1 S. 2 EGGVG sind nur Gefangene betroffen, die wegen einer Straftat nach § 129a StGB, auch i. V. m. § 129b Abs. 1 StGB (Kriminelle und terroristische Vereinigungen im Ausland; Erweiterter Verfall und Einziehung), oder wegen einer der in dieser Vorschrift bezeichneten Straftaten rechtskräftig verurteilt sind oder gegen die ein Haftbefehl wegen des Verdachts einer solchen Straftat besteht; das Gleiche gilt für solche Gefangenen, die wegen einer anderen Straftat verurteilt oder die wegen des Verdachts einer anderen Straftat in Haft sind und gegen die der dringende Verdacht besteht, dass sie diese Tat im Zusammenhang mit einer Tat nach § 129a StGB, auch i. V. m. § 129b Abs. 1

402 Abgedruckt in Auszügen u. a. bei *Soiné* als Anhang C.
403 *BVerwGE* 47, 255, 257 ff.

StGB, begangen haben. Die Kontaktsperre ist im sog. Kontaktsperregesetz geregelt.[404] Ziel der in den §§ 31–38a EGGVG normierten Kontaktsperre ist die Abwehr schwerer terroristischer Gefahren. Die Voraussetzungen der Kontaktsperre ergeben sich aus § 31 Abs. 1 S. 1 EGGVG: Es muss eine gegenwärtige Gefahr für Leben, Leib oder Freiheit einer Person vorliegen; bestimmte Tatsachen müssen den Verdacht begründen, dass die Gefahr von einer terroristischen Vereinigung oder von mehreren ausgeht, und die Kontaktsperre muss zur Abwehr der Gefahr geboten, d. h. geeignet und erforderlich sein.[405]

Der von der Kontaktsperre erfassbare Personenkreis (Gefangene) ergibt sich aus § 31 Abs. 1 S. 2 EGGVG. Die Anordnung erfolgt durch Feststellung der zuständigen Behörde (§ 32 EGGVG). Dem Gefangenen ist auf Antrag ein Rechtsanwalt als Kontaktperson beizuordnen (§ 34a Abs. 1 S. 1 EGGVG); der Verteidiger des Gefangenen ist ausgeschlossen (§ 34a Abs. 3 S. 2 EGGVG). Gemäß § 38a EGGVG finden die §§ 31–38 EGGVG entsprechende Anwendung bei Gefangenen, gegen die ein Strafverfahren wegen des Verdachts der Bildung einer kriminellen Vereinigung eingeleitet oder rechtskräftig abgeschlossen worden ist.

---

404 Gesetz zur Änderung des Einführungsgesetzes zum Gerichtsverfassungsgesetz vom 30.9.1977, BGBl. I 1977 S. 1877, und im Änderungsgesetz vom 4.12.1985, BGBl. I 1985 S. 2141.

405 *BVerfGE* 49, 24, 61.

XIV. Das Ordnungswidrigkeitenrecht

Das **OWiG**[406] regelt die Verfolgung und Zuwiderhandlungen mit erheblich vermindertem Unrechtsgehalt (Ordnungswidrigkeiten). Das Gesetz gliedert sich (abgesehen von den wenig bedeutsamen Schlussvorschriften des vierten Teils, §§ 132–135 OWiG) in drei Teile, von denen der erste die „Allgemeinen Vorschriften“ (§§ 1–34 OWiG), der zweite das „Bußgeldverfahren“ (§§ 35–110c OWiG) und der dritte „Einzelne Ordnungswidrigkeiten“ (§§ 111–131 OWiG) betrifft.

Der erste Teil enthält die maßgeblichen Bestimmungen über den Geltungsbereich, die Grundlagen der Ahndung und die Rechtsfolgen der Ordnungswidrigkeit. Der zweite Teil regelt das Verfahrensrecht, für das die Vorschriften der StPO, des GVG und des JGG sinngemäß gelten (§ 46 Abs. 1 OWiG). § 59 OWiG bestimmt die entsprechende Anwendung des Gesetzes über die Entschädigung von Zeugen und Sachverständigen. Der dritte Teil enthält einzelne Bußgeldtatbestände.

Für die Verfolgung von Ordnungswidrigkeiten ist grundsätzlich die **Verwaltungsbehörde** zuständig (§§ 35 ff. OWiG), die nach dem **Opportunitätsprinzip** (§ 47 OWiG) tätig wird.

Im **Ordnungswidrigkeitenverfahren** wird nicht vom Beschuldigtengesprochen, sondern in allen Verfahrensstadien einschließlich der Vollstreckung (vgl. z. B. §§ 94, 95 Abs. 2 OWiG) der Begriff des **Betroffenen** verwendet.

§ 46 OWiG bestimmt für das gesamte Bußgeldverfahren grundsätzlich die sinngemäße Anwendung der allgemeinen Gesetze über das Strafverfahren. § 46 Abs. 3 OWiG nimmt verfahrensrechtliche Bestimmungen, die freiheitsentziehende Maßnahmen zulassen, von der sinngemäßen Anwendung ausdrücklich aus. Dazu gehören

- die Anstaltsunterbringung,
- die Verhaftung und
- die vorläufige Festnahme (§§ 81, 112–127 StPO).

406 Abgedruckt in Auszügen u. a. bei *Soiné* als Anhang D.

Als Rechtsfolge einer Ordnungswidrigkeit sind **Freiheitsentziehungen** stets unzulässig.[407] Wegen der Anknüpfung an einen Haft- oder Unterbringungsbefehl oder an Straftaten von erheblicher Bedeutung sind die meisten Vorschriften über die **Fahndung** (§§ 131–131c StPO) im Bußgeldverfahren nicht anwendbar.[408] Unter Beachtung des Grundsatzes der Verhältnismäßigkeit ist allerdings die **Ausschreibung** eines **Beschuldigten** oder eines **Zeugen** nach § 131a Abs. 1 und 2 StPO i. V. m. § 46 Abs. 1 und 2 StPO im Einzelfall zulässig.[409] Erlaubt ist auch das **Bereitstellen** von **Lichtbildern** (Beweisfotos) im **Internet** zur Verfolgung von **Verkehrsordnungswidrigkeiten**, die Betroffene über einen individuellen und gesicherten Zugang abrufen können.[410] **Führerscheine** und **ausländische Fahrberechtigungen** können im Bußgeldverfahren nicht eingezogen werden.[411]

Die **Behörden und Beamten des Polizeidienstes** haben nach pflichtgemäßem Ermessen Ordnungswidrigkeiten zu erforschen und dabei alle unaufschiebbaren Anordnungen zu treffen (§ 53 OWiG). Der Polizei obliegt damit im ersten Zugriff die **Beweissicherung**. Dieser kommt besondere Bedeutung zu, weil im Bußgeldverfahren die Aufklärung des Sachverhalts nach Ablauf einer gewissen Zeit Schwierigkeiten bereiten kann. Häufig handelt es sich um Geschehnisse, die bei Betroffenen oder Zeugen keinen so nachhaltigen Eindruck hinterlassen, dass sie zu einem späteren Zeitpunkt darüber (ohne Vorhalte) noch zuverlässige Angaben machen können.[412]

Die Polizei hat nach § 53 Abs. 1 S. 1 OWiG – wie im Strafverfahren nach § 163 Abs. 1 S. 1 StPO – z. B. folgende Maßnahmen zu treffen:

- Sicherung von Spuren,
- Identitätsfeststellung,
- erste Vernehmung des Betroffenen nach § 55 OWiG oder von Zeugen,

407 KK OWiG-*Lampe*, § 46 OWiG Rz 19.
408 Zu § 131b StPO, vgl. *LG Bonn*, NStZ 2005, 528.
409 *Soiné*, Kriminalistik 2001, 173; *Göhler*-Seitz, Vor § 59 OWiG Rz 124a m. w. N.
410 *OVG Berlin-Brandenburg*, ZD-Aktuell 2014, 04226.
411 KK OWiG-*Lutz*, Vor § 53 OWiG Rz 100.
412 *Göhler*-Gürtler, Vor § 53 OWiG Rz 15; KK OWiG-*Wache*, § 53 OWiG Rz 14.

- Entnahme von Blutproben,
- Sicherstellung und Beschlagnahme von Gegenständen und
- Durchsuchung von Personen und Sachen.

Beispielsweise kommen **Durchsuchungen** zur Aufklärung von Ordnungswidrigkeiten in folgenden Fällen in Betracht:

- Einsichtnahme in Geschäftsunterlagen wegen Geschwindigkeitsverstoßes mittels Firmenfahrzeug bei nicht erkennbarem Fahrer auf Beweisfoto und die Tat bestreitendem Halter.[413]
- Suche nach Motorradkleidung und Helm des einen Geschwindigkeitsverstoß bestreitenden Fahrzeughalters eines Motorrads (und Inhaber eines Motorradführerscheins) zur Erstellung eines anthropologischen Identitätsgutachtens.[414]
- Einsichtnahme in den Terminkalender eines Rechtsanwalts zur Verifizierung seiner Behauptung, er habe zum Zeitpunkt eines festgestellten Parkverstoßes vor dem Gerichtsgebäude sein Kfz in zulässiger Weise geparkt und es sei ein Termin bei der Geschäftsstelle des Gerichts anberaumt gewesen.[415]
- Suche in den Geschäftsräumen einer Spedition nach dem Schaublatt des Fahrtenschreibers eines Lkw zur Klärung der Identität des Fahrers wegen festgestellter Unterschreitung eines Sicherheitsabstands zu dem vorausfahrenden Fahrzeug.[416]

Bei einer behaupteten **Ruhestörung** besteht grundsätzlich kein Rechtsanspruch auf polizeiliches Einschreiten, sodass die Polizeidienststelle auch nicht weiter nachweisen muss, z. B. unter Vorlage von **Dienst-** und **Einsatzplänen**, weshalb sie zur Unterbindung der angeblichen Störung nicht bzw. nicht früher tätig geworden ist.[417] Der Erstatter einer Ordnungswidrigkeitenanzeige wegen Ruhestörung hat weder einen Anspruch auf Einleitung eines Bußgeldverfahrens noch einen darauf beruhenden Auskunftsanspruch.[418]

413 *OVG Nordrhein-Westfalen*, NJW 1995, 3335.

414 *LG Tübingen*, Beschl. v. 29.12.2011 – 1 Qs 248/11 OWi, – juris. – *LG Freiburg*, SVR 2014, 275: Fahrverbot ist Voraussetzung für Beschlagnahme- und Durchsuchungsanordnung.

415 *BVerfG*, NJW 2007, 1669.

416 *LG Erfurt*, ZfS 2006, 349.

417 *VGH München*, NVwZ-RR 2014, 558.

418 *OVG Lüneburg*, NJW 2013, 3595.

In Verfahren nach dem Ordnungswidrigkeitenrecht werden nach **Übernahme** der **Verfolgung** durch die **StA** die mit der Ermittlung betrauten Angehörigen der Verwaltungsbehörde nicht kraft Gesetzes Ermittlungspersonen der StA, aber die Verwaltungsbehörde hat die Befugnisse der Ermittlungspersonen hinsichtlich Beschlagnahme, Notveräußerungen, Durchsuchungen und Untersuchungen (§ 63 OWiG; vgl. auch § 53 Abs. 2 OWiG). Die für die Verfolgung zuständige Behörde hat, soweit nicht die StA das Verfahren übernimmt, nach § 46 Abs. 2 OWiG die gleichen Rechte wie die StA, d. h. sie kann auch die Ermittlungspersonen gemäß § 152 GVG in Anspruch nehmen; Gleiches gilt für Finanzbehörden nach §§ 399, 402, 410 AO.[419]

419 *Kissel/Mayer*, § 152 GVG Rz 1.

Literaturverzeichnis

Barczak, Tristan Die Kennzeichnungspflicht für Polizeibeamte in Berlin und Brandenburg, LKV 2014, 391

Fischer, Thomas Strafgesetzbuch, 68. Auflage 2021

Göhler, Erich-Bearbeiter Gesetz über Ordnungswidrigkeiten, 18. Auflage 2021

Haurand, Günter/Vahle, Jürgen Rechtliche Aspekte der Gefahrenabwehr in Entführungsfällen, NVwZ 2003, 513

Heller, Robert E./Soschinka, Holger Waffenrecht. Handbuch für die Praxis, 3. Auflage 2013

Kannen, Birgit EIS – Europol Informationssystem. Auskunftssystem für EU Strafverfolgungsbehörden und ihre Kooperationspartner, Kriminalistik 2014, 584

Karlsruher Kommentar zum Gesetz über Ordnungswidrigkeiten-*Bearbeiter*, hrsg. von *Lothar Senge,* 5. Auflage 2018

Kissel, Otto Rudolf/Mayer, Herbert Gerichtsverfassungsgesetz, 10. Auflage 2021

Könnecke, Jan Die Strafbarkeit Verdeckter Ermittler im Hinblick auf einsatzbedingte Straftaten, 2001

Krumm, Carsten Beleidigung gegen Polizeibeamte, SVR 2009, 255

Lackner, Karl/Kühl, Kristian-Bearbeiter, Strafgesetzbuch, 29. Auflage 2018

Lehr, Gernot Grenzen für die Öffentlichkeitsarbeit der Ermittlungsbehörden, NStZ 2009, 409

Ley, Gerd/Burkart, Gerhard Polizeilicher Schusswaffengebrauch, 5. Auflage 2001

Lisken, Hans/Denninger, Erhard-Bearbeiter, Handbuch des Polizeirechts, 7. Auflage 2021

Meyer-Goßner, Lutz/Schmitt, Bertram-Bearbeiter, Strafprozessordnung. Gerichtsverfassungsgesetz, Nebengesetze und ergänzende Bestimmungen, 64. Auflage 2021

Metz, Jochen Rangverhältnis der Staatsanwaltschaft zu ihren Ermittlungspersonen bei Gefahr im Verzug, NStZ 2012, 242

Muckel, Stefan Einstellung in den Polizeidienst trotz Tätowierung, JA 2013, 238

Müller, Wolfgang/Röhmer, Sebastian Legendierte Kontrollen. Die gezielte Suche nach dem Zufallsfund, NStZ 2012, 543

Nowrousian, Bijan Darf der Staat aktiv täuschen, um verdeckte Ermittlungsmaßnahmen geheim zu halten?, Kriminalistik 2011, 370

ders. Noch einmal zur aktiven Täuschung: Legendierte Kontrollen, Kriminalistik 2012, 174

Rehbein, Mareike Die Verwertbarkeit von nachrichtendienstlichen Erkenntnissen aus dem In- und Ausland im deutschen Strafprozess, Berlin 2011

Rennicke, Jan Polizeiliches Einschreiten gegen Filmaufnahmen unter Berücksichtigung der DS-GVO, NJW 2022, 8

Schönke, Adolf/Schröder, Horst-Bearbeiter, Strafgesetzbuch. Kommentar, 30. Auflage 2019

Schwarzburg, Peter Einsatzbedingte Straftaten Verdeckter Ermittler, NStZ 1995, 469

Schiemann, Anja Profiling und Operative Fallanalyse im Strafverfahren, NStZ 2007, 684

Sinn, Sandra Strafbarkeit grenzüberschreitend operierender verdeckter Ermittler, 2012

Soiné, Michael Strafprozessordnung. Mit Erläuterungen für Polizeibeamte im Ermittlungsdienst, Loseblattkommentar Stand: 138. AL 2022

ders. Strafverfahren und Public Relations – Zu Fehlern und Schwächen der Öffentlichkeitsarbeit von Kriminalpolizei, Staatsanwaltschaft und Strafgericht, Die Polizei 1992, 39

ders. Umfang und Grenzen der Selbstgefährdungspflicht im Polizeibeamtenverhältnis, Polizeispiegel 1996, 246

ders. Proaktive Strategien zur Bekämpfung krimineller Strukturen. Zentrale, fallübergreifende Auswertung von Akten und Dateien über personenbezogene Daten im Rahmen sogenannter Vor(feld)- bzw. Strukturermittlungen de lege lata, de lege ferenda, Kriminalistik 1997, 252

ders. Das Recht am eigenen Bild unter besonderer Berücksichtigung der Rechtslage bei Polizeivollzugsbeamten, Polizeispiegel 1999, 111, 113, 115, 117 f. (1. Teil); 142 ff. (2. Teil)

ders. Das Strafverfahrensänderungsgesetz 1999 (StVÄG 1999). Überblick über die für die polizeiliche Praxis wichtigsten Vorschriften, Kriminalistik 2001, 173 (Teil 1)

ders Verdeckte Ermittler als Instrument zur Bekämpfung von Kinderpornographie im Internet, NStZ 2003, 223

ders. Die Aufklärung der Organisierten Kriminalität durch den Bundesnachrichtendienst, Die Öffentliche Verwaltung 2006, 204

ders. Aufklärung der Organisierten Kriminalität – (k)eine Aufgabe für Nachrichtendienste?, in: Zeitschrift für Rechtspolitik 2008, 108

ders. Kriminalistische Erfahrung als Rechtserkenntnisquelle. Erfahrungssätze als erkenntnistheoretische Grundlagen der juristischen Entscheidungsfindung, Kriminalistik 2010, 275

ders. Kriminalistische List im Ermittlungsverfahren, NStZ 2010, 596

ders. Eingriffe in informationstechnische Systeme nach dem Polizeirecht des Bundes und der Länder, NVwZ 2012, 1585

ders. Zulässigkeit und Grenzen heimlicher Informationsbeschaffung durch Vertrauensleute der Nachrichtendienste, NStZ 2013, 83

ders. Personale verdeckte Ermittlungen im Strafverfahren. Ermittlungszwecke und -formen, Einsatz technischer Mittel, grenzüberschreitendes Tätigwerden, Kriminalistik 2013, 507

ders. Personale verdeckte Ermittlungen in sozialen Netzwerken zur Strafverfolgung, NStZ 2014, 248

ders. Selbstbelastungsfreiheit und Beweisverwertung bei Verkehrsstraftaten und -ordnungswidrigkeiten, NZV 2016, S. 411

ders. Die Vernehmung festgenommener Personen nach grenzüberschreitender Verfolgung (Nacheile), in: Małolepszy, Maciej/Soiné, Michael/Zurakowska, Alexandra (Hrsg.), Die deutsch-polnische Zusammenarbeit im Bereich der grenzüberschreitenden Nacheile, 2016, S. 181

ders. Spontanäußerungen im Kontext des Legalitätsprinzips, Kriminalistik 2017, 324

ders. Erweiterte Zeugenpflichten gegenüber der Polizei im Ermittlungsverfahren, NStZ 2018, 141

ders. Die strafprozessuale Online-Durchsuchung, NStZ 2018, 497

ders. Der Einsatz Verdeckter Ermittler auf deutschem Hoheitsgebiet nach dem deutsch-polnischen Kooperationsvertrag, Kriminalistik 2018, 609

ders. Verdeckte Ermittlungen auf deutschem Hoheitsgebiet gemäß Art. 20 des deutsch-polnischen Kooperationsvertrags, in: Ligocka, Alexandra/Małolepszy, Maciej/Soiné, Michael (Hrsg.), Die grenzüberschreitende Informationsgewinnung und -verwertung am Beispiel der Zusammenarbeit der deutschen und polnischen Strafverfolgungsbehörden 2018, S. 119

ders. Die polizeiliche Befragung und Vernehmung toxisch beeinflusster Personen, in: Christe-Zeyse, Jochen (Hrsg.), Kriminalistik und forensische Wissenschaften. Festschrift für Ingo Wirth, 2018, S. 403

ders. Der Einsatz von V-Personen im Ermittlungsverfahren. Plädoyer für die Schaffung einer normenklaren Regelung in der StPO, ZRP 2021, S. 47

ders. Begriffsunterschied oder Synonym: „Ermittlungsansatz“ und „Spurenansatz“, ArchKrim 249 (2022), 69

ders. Personale verdeckte Ermittlungen wegen Verbreitung, Erwerb und Besitz kinderpornografischer Inhalte, NStZ 2022, 321

ders./Engelke, Hans-Georg Das Gesetz zur Harmonisierung des Schutzes gefährdeter Zeugen (Zeugenschutzharmonisierungsgesetz – ZSHG), NJW 2002, 740

ders./Karl, Wilfried Neue Rechtsgrundlagen für die Ausland-Ausland-Fernmeldeaufklärung, NJW 2017, 919

ders./Prinz, Stephan Massenmedien und Polizei: Umfang und Grenzen der Pressefreiheit, Die Polizei 2000, 8 (Teil I); 47 (Teil II); 88 (Teil III)

ders./Weyhrich, Lisa Legendierte Fahrzeugkontrollen in der Reflexion von Recht und Praxis, Kriminalistik 2020, 172

Stoll, Stefanie/Simmroß, Ulrich Farbmarkierte Banknoten aus Geldeinfärbesystemen und ihre Bedeutung für die Kriminalistik, Kriminalistik 2013, 237

Walder, Hans/Hansjakob, Thomas/Gundlach, Thomas/Straub, Peter Kriminalistisches Denken, 11. Auflage 2020

Wiacek, Martin Bild- und Tonaufnahmen von Polizeieinsätzen. Strafbarkeit – Maßnahmen – Praxisempfehlungen, 2018

Wirth, Ingo-Bearbeiter: Kriminalistik-Lexikon, 5. Auflage 2021

Wolff, Heinrich Amadeus Die Grenzverschiebung von polizeilicher und nachrichtendienstlicher Sicherheitsgewährleistung, DÖV 2009, 597

Zimmer, Anett Der Beweiswert des kriminalistischen Einsatzes polizeilicher Mantrailer im Strafverfahren, Kriminalistik 2020, 706

Stichwortverzeichnis